我国质量技术基础协同服务理论基础及实践模式研究

张　纲　刘洪生　主审

王赟松　巫小波　副主审

冯　蕾　廖景行　黄菊秀　著

中国质检出版社

中国标准出版社

北　京

图书在版编目(CIP)数据

我国质量技术基础协同服务理论基础及实践模式研究 / 冯蕾，廖景行，黄菊秀著.—北京：中国标准出版社，2018.7

ISBN 978-7-5066-9018-8

Ⅰ.①我… Ⅱ.①冯…②廖…③黄… Ⅲ.①质量检验—工作—研究—中国 Ⅳ.①F279.23

中国版本图书馆 CIP 数据核字（2018）第 138693 号

中国质检出版社
中国标准出版社 出版发行

北京市朝阳区和平里西街甲 2 号（100029）
北京市西城区三里河北街 16 号（100045）

网址：www.spc.net.cn

总编室：(010) 68533533　发行中心：(010) 51780238

读者服务部：(010) 68523946

中国标准出版社秦皇岛印刷厂印刷

各地新华书店经销

*

开本 710×1000　1/16　印张 8　字数 78 千字

2018 年 7 月第一版　　2018 年 7 月第一次印刷

*

定价 36.00 元

前　言

计量、标准、认证认可、检验检测是国际公认的国家质量技术基础设施，是经济和社会发展的基础，在国家治理体系建设、促进经济转型升级、推动科技创新、保障和改善民生、参与国际竞争等方面都发挥着积极的作用。如何深化国家质量基础设施的融合发展，提升质量技术基础协同服务技术能力是摆在世界各国面前的共同话题。

美、英、日等发达国家早在20世纪60年代就已开展质量技术基础服务中小微企业的相关工作。加拿大国家研究院在1962年启动了《工业援助计划》，为当地中小型企业提供一整套资金支持和技术服务，以加快中小型企业的发展。美国国家标准与技术研究院（NIST）作为美国质量技术基础协同服务的牵头部门，于1989年组织实施了《制造业拓展伙伴计划》，设立制造拓展中心以向广大中小企业提供技术和业务支持。印度研究制定了《国家制造业竞争计划》，加强质量技术基础设施建设，服务中小微企业提升产品质量和竞争能力，缓解了自由贸易和关税税率调整对中小微企业带来的竞争压力。日本、英国等国家也制定了相关政策措施，委托专门技术服务机构，配备专项资金，为当地企业提供包括质量技术基础在内的各类技术咨询服务。从国外综合运用质量基础技术手段服务中小企业的成功经验可以看出，虽然各国开展质量技术基础协同服务的方式和内容不尽相同，但质量技术基础在促进技术创新、提高产品竞争力、促进本国经济社会发展等方面都发挥了积极的作用。

经过多年发展，我国质量技术基础建设也取得了一系列的成绩，国际互认校准测量能力排名从世界第 7 位跃升到第 4 位，2016 年由我国主导制定的国际标准数量比 2010 年增长 1.68 倍，全国累计颁发有效认证证书和获证组织数量连续多年世界第一，检验检测服务业营业收入年均增长达 10.36%。质量技术基础在促进经济转型发展等方面的基础引领作用逐步凸显。但标准、计量、认证认可、检验检测等各要素相对独立，缺乏有效的融合互动，在协同服务中小微企业上与发达国家相比仍有较大差距。如何加强质量技术基础体系统筹协调，发挥质量技术基础组合效能，科学地借鉴吸收发达国家的先进经验，探索运用于我国质量技术基础协同服务，更好地为企业提供计量、标准、认证认可、检验检测等全方位服务，对我国全面迈向“质量时代”具有重要的实践意义，也是当今我国进入高质量发展阶段所面临的一项重要挑战。

本书在质量技术基础协同服务基本理论研究基础上，系统地介绍了美国、印度、加拿大等国外质量技术基础协同服务发展状况，并对我国区域质量技术基础协同服务模式进行了探索研究，提出了我国开展质量技术基础协同服务的具体要求和对策建议。希望本书的出版，对研究和建立我国质量技术基础协同服务模式提供有价值的参考和借鉴。

参加本书撰写的人员还有：李艳、武少鹏、刘红喜、黄冰明、王耕杰、胡杨、黄青、谈立、马百彦、杨志敏、陈铁艳、卢娟、蒋建平、刘晓明、杜建武、徐明龙、张林。

著者

2018 年 6 月

目　录

第一章 概 述

一、研究背景

目前，我国处于新兴产业待发展、传统产业待转型的关键时期，质量技术基础作为一项技术手段，支撑各个行业平稳发展，是我国经济转型升级的基础。在加紧推进供给侧结构性改革过程中，如何提高工作效率、优化办事流程，更好地为广大企业特别是中小企业服务，让企业能够更顺畅地享受到计量、标准、认证认可、检验检测等质量基础服务，是深化改革促进经济增长的重要手段，也是我国经济发展新阶段面临的重要机遇和挑战。

（一）党和国家高度重视质量发展

党中央、国务院历来高度重视质量工作，党的十八大以来，中央明确提出，“把推动发展的立足点转到提高质量和效益上来”“以提高发展质量和效益为中心”。在党中央、国务院关心重视下，“质量”频频出现在党和国家的重要会议和文件中，“质量强国”首次写入党的全国代表大会报告、政府工作报告、“十三五”规划纲要，为我国质量发展创造了良好的政策环境。

2014年5月10日，习近平总书记在河南中铁工程装备集团有限公司考察时提出，“推动中国制造向中国创造转变、中国速度向中国质量转变、中国产品向中国品牌转变”。2016年12月14日中央经济工作会议上，习近平总书记提出，“要树立质量第一的强烈意识，下最大气力抓全面提高质量，用质量优势对冲成本上升劣势。开展质量提升行动，提高质量标准，加强全面质量管理”。总书记关于质量的一系列重要论述，体现出高瞻远瞩的战略定位、深刻精准的规律把握、全面具体的部署要求、持之不懈的推动落实，为我国质量发展乃至经济社会发展指明了方向、提供了遵循。

2017年9月5日，中共中央、国务院出台《中共中央　国务院关于开展质量提升行动的指导意见》（中发〔2017〕24号，以下简称《指导意见》），向全党全国全社会发出了开展质量提升行动、实施质量强国战略的伟大号令。《指导意见》“将质量强国战略放在更加突出的位置”，并提出“四个坚持”的基本原则，即坚持以质量第一为价值导向，坚持以满足人民群众需求和国家综合实力为根本目的，坚持以企业为质量提升主体，坚持以改革创新为根本途径。这是首次以党中央、国务院名义出台质量工作的纲领性文件，对开展质量提升行动，推动建设质量强国具有深远意义。

2017年10月18日—10月24日，党的十九大提出，必须坚持质量第一、效益优先，要求把提高供给体系质量作为主攻方向，显著增强我国经济质量优势，推动经济发展质量变革，加快建设质量强国。12月18日—20日的中央经济工作会议进一步强调，推动高质量发展是当前和今后一个时期确定发展思路、制定经济政策、实施宏观调控的根本要求。

（二）党和国家愈加关注质量技术基础

质量技术基础是开展质量提升，推动高质量发展的根本保障。近年来，党中央、国务院制定了一系列相关法律制度、发展规划、改革意见，明确了质量技术基础的基本要求、发展方向和改革重点，质量技术基础在促进经济提质增效升级、提升政府治理能力、推进高水平对外开放等方面的作用受到越来越广泛的关注。

2012 年 2 月 6 日，国务院印发《质量发展纲要（2011—2020 年）》（国发〔2012〕9 号），提出“把夯实基础作为质量发展的保障条件”“加强质量人才培养，推进标准化、计量、认证认可以及检验检测能力建设”，同时提出“推进质量创新能力建设”“加强标准化工作”“强化计量基础支撑作用”“推动完善认证认可体系”“加快检验检测技术保障体系建设”“推进质量信息化建设”等一系列夯实质量发展基础的措施。

2016 年 4 月 6 日，国务院常务会议审议通过《装备制造业标准化和质量提升规划》，将“提升质量技术基础支撑能力”作为目标任务之一，并指出要“加强标准、计量、认证认可、检验检测等国家质量技术基础能力建设”，并“为装备制造企业产品、服务质量提升和品牌建设提供质量技术支持‘一站式’服务。”同年 7 月 28 日，国务院印发《“十三五”国家科技创新规划》（国发〔2016〕43 号），提出“强化国家质量技术基础研究，支持计量、标准、检验检测、认证认可等技术研发，加强技术性贸易措施研究”，并将“国家质量技术基础”作为“科研条件保障”以专栏形式明确。9月6日，国务院办公厅印发《消费品标准和质量提升规划（2016—2020年）》（国办发〔2016〕68号），将“夯实消费品工业质量基础”作为主要工作任务之一，对加强质量技术基础建设、加强质量技术创新能力、加强质量公共服务等做出系列部署。

作为质量工作的纲领性文件，《中共中央　国务院关于开展质量提升行动的指导意见》（中发〔2017〕24号）也对质量技术基础发展做出来具体的部署要求，提出质量提升行动的目标之一是“国家质量基础设施效能充分释放”，并指出“夯实国家质量基础设施”的具体措施之一为“深化国家质量基础设施融合发展”，要求“开展国家质量基础设施协同服务及应用示范基地建设，助推中小企业和产业集聚区全面加强质量提升。构建统筹协调、协同高效、系统完备的国家质量基础设施军民融合发展体系，增强对经济建设和国防建设的整体支撑能力”。

为贯彻落实党中央、国务院一系列重要部署，充分发挥质量技术基础在推进供给侧结构性改革，服务企业提升产品和服务质量，促进经济转型发展等方面的基础引领作用，非常有必要探索出一套适合我国发展的质量技术基础协同服务模式，以此来推动标准、计量、认证认可、检验检测、质量管理五要素的深度融合，发挥质量技术基础组合效能，以质量技术基础协同服务促进产业转型升级，服务《中国制造2025》及“一带一路”等国家战略规划。

二、研究意义

我国尚未在全国范围内建立起一套具有典型代表性的质量技术基础协同服务模式，各地质量技术基础服务工作也尚处于探索与尝试阶段。积极吸取借鉴国外和国内质量技术基础协同服务的经验，整合自身技术资源，探索建立一套具有推广意义的质量技术基础协同服务模式，以点带面示范推广，有利于充分发挥市场协同作用，有利于支撑提质增效升级，有利于促进技术创新，为企业提供一整套的质量技术基础“协同服务”，促进企业、行业转型发展，促进质量品牌提升。

（一）有利于充分发挥市场协同作用

各国在产业发展之初，质量技术基础主要由政府主导推动建立。当产业发展成熟后，质量技术基础便从政府主导转变为市场主导。美国国家标准与技术研究院（NIST）是美国官方最高的标准化和计量管理机构，在履行政府职能的同时，注重发挥市场的协同作用，统一协调管理美国联邦政府与社会组织间的标准活动。美国商务部设立“企业和政府标准化圆桌会议”，建立了政府与13个产业的联络机制，在标准起草制定等具体事务上，越来越重视发挥市场和社会团体的作用。2011年，英国发布《国家测量体系战略（2011—2015）》，其中的一个重点就是支持计量校准服务市场的发展。工业发达国家还大力支持相关行业协会发展成为实力雄厚的检测认证企业集团。这些集团在获得巨额利润的同时，也深刻影响着发展中国家的质量技术基础。

在我国各产业不断发展壮大和质量技术基础能力不断提升的同时，质量技术基础建设要从主要由政府引导推动逐渐转变为市场主导推动，从而厘清关键环节，理顺政府和市场的关系，把属于市场、社会的职能，完全交给市场和社会处理，政府重点履行好宏观调控、公共服务、维护社会规则等职能。

（二）有利于支撑提质增效升级

质量技术基础贯穿于关键基础材料、核心基础零部件/元器件和先进基础工艺（简称“三基”）发展的全过程，总结建立质量技术基础的服务发展模式，形成协同效应，有利于从标准、计量、检验检测和认证认可等多个方面共同促进经济提质增效，推动产业转型升级。标准是产品质量的基础、生产效率的前提、产业升级的体现，标准能够引领提质增效；计量贯穿产品质量保证的全过程，计量通过支撑产业效率的提高、促进产业转型升级，支撑产业提质增效升级；检验检测保障质量提高，检验检测通过促进产业发展、推动产业转型升级服务产业提质增效升级；认证认可是国际贸易绿色通道的基础和实现转型升级的重要途径，认证认可支撑质量安全和质量水平的有效提升，促进提质增效升级。

建立质量技术基础协同服务模式，能够客观地体现我国各省、市、县质量技术基础的发展特点和规律，为因地制宜、分类指导全国范围内的质量技术基础协同服务。

（三）有利于促进技术创新

开展质量技术基础协同服务，是我国地方计量、标准、认证认可、检验检测等服务模式改革创新的一次探索，有利于充分发挥质量技术基础的引领示范作用。质量技术基础通过四个核心要素对技术创新具有重要的促进作用，标准引领技术创新，计量支撑技术创新，检验检测推动技术创新，认证认可激发技术创新。

按照新发展理念和市场需求，推进质量技术基础建设，把支持标准、计量、检验检测、认证认可等要素发展的外围环境营造好、优化好，为质量提升提供基础；积极发挥专项资金杠杆放大效应，促进完善质量技术基础协同服务体系。

第二章　质量技术基础协同服务的理论基础

一、质量技术基础概念内涵

质量技术基础（NQI）是联合国贸易发展会议（UNCTAD）和世界贸易组织（WTO）于2005年共同提出的。2006年，联合国工业发展组织（UNIDO）和国际标准化组织（ISO）指出，质量技术基础，即计量、标准、合格评定（包括认证认可、检验检测）已经成为未来世界经济可持续发展的三大支柱。2012年，国际标准化组织（ISO）发布《合格评定建立信任》认为，“计量、标准和合格评定是一个国家的质量基础”，得到了世界各国普遍认可。

质量技术基础是质量工作极为重要的组成部分。一般来说，质量技术基础是指一个国家和地区建立和执行计量、标准、认证认可、检验检测等所需质量体制机制框架的统称，既包括法规体系、管理体系等“软件”设施，也包括检验检测仪器设备、实验室等“硬件”设施。质量技术基础具有技术、生产和贸易等基本属性（见表2－1）。

表 2-1　国家质量技术基础的基本属性①

	要素	技术属性	生产属性	贸易属性
质量技术基础	计量	主要解决单位制的统一和量传准确可靠	推动社会化大生产从经验走向科学	促使贸易达成的前提和基础
	标准	主要解决量的统一性	深化社会化大生产的分工与专业程度	建立最佳贸易秩序的基本准则
	认证认可	主要解决量的公允性	提升社会化大生产组织的质量保障水平	推动贸易便利化的重要工具
	检验检测	主要解决量的符合性	提升社会化大生产产品与服务质量水平	推动贸易便利化的重要工具

二、质量技术基础协同服务内涵与特点

（一）质量技术基础协同服务内涵

协同，百度百科中解释为“指协调两个或者两个以上的不同资源或者个体，协同一致地完成某一目标的过程或能力”。结构元素各自之间的协调、协作形成拉动效应，推动事物共同前进，对事物双方或多方而言，协同的结果使个个获益，整体加强，共同发展。导致事物间属性互相增强、向积极方向发展的相干性即为

① 来自中国科学院报告《国家质量基础对产业支撑体系的测度研究》（2015 年）。

协同性①。

根据协同的含义，我们认为，NQI 协同服务可以定义为协调计量、标准、检验检测、认证认可等质量技术基础各要素机构，协同一致地服务于企业的过程。NQI 协同服务的实质是在有关指导方针、战略规划等政策促进下，依托参与主体、区域特征以及信息平台等实现各要素之间的相互协作、有效沟通、互动促进，更好的发挥整体合力来服务企业，实现企业 NQI 全流程、全内容的服务管理，产生“1＋1＋1＋1＞4”的协同效果，使企业创造更高的价值和效益，从而促进经济发展。

（二）质量技术基础协同服务特点

1. 整体性

整体性是指一个整体的各个部分间能彼此有机地、协调地运作，以发挥整体效益，达到整体化的目的。NQI 协同服务由多主体、多要素组成，这些主体、要素不是孤立毫无关系的个体，他们被非常紧密地整合在一起。这种整合并非是把各主体、各要素进行简单组合、积累叠加，它们是按照业务模式和服务管理思想合理地被整合在一起，成为一个相互影响、相互作用的整体结构、有机组合。在协同服务过程中，各参与主体间、各要素间、各区域间都存在相互的影响，时刻进行着 NQI 资源的有效互动，能够实现任何单一主体、单一要素维度下都没有的功

① 百度百科 https：//baike. baidu. com/item/％E5％8D％8F％E5％90％8C/5865610？fr＝aladdin。

能，当出现事件时，各主体、各要素能作出协调同步的反应，共同服务于企业。

2. 协作性

协作性是指通过有效深度的协同合作，为协同服务目标的实现奠定统一的服务理念，储备充足的知识、人才、平台等服务资源，从系统整体上实现“1＋1＋1＋1＞4”的效果，进而形成服务新模式，最终达到效益最大化。在传统 NQI 服务中，跨部门间的流程处理需要很多的人工重复输入或转档工作，使得成本增加且整体运行效率降低；而在 NQI 协同服务中，各部门通过互相之间的合作配合，合理地运用各元素的联系，不仅能够更高效率地完成 NQI 活动，还能够实现时间缩短、成本降低、效率提高和持续发展等协同效应。如果各要素、各参与主体不能很好地产生集聚在一起的协作效应，整个协同服务的作用就不能得到有效的发挥，对区域的质量效益和经济发展会产生极大的影响。

3. 共有性

NQI 协同服务中各参与主体通过资源共享实现协同服务过程中的整体配置与整合，无论是运用实体服务或是现代信息技术，都是为了实现企业和质监部门共有标准、计量、认证认可、检验检测等资源，企业可通过实体服务站或信息平台一站式查询 NQI 相关信息，高效地实现 NQI 服务企业的目标，推动协同服务在市场经济环境下的作用。NQI 协同服务的共有性还表现在其对社会其他资源的融合，使资源呈现多元化趋势，发挥整体优势，从而为企业提供更强有力的信息、技术、服务等支持。计量、标准、认证认可、检验检测、质量管理等数据的纵向和横向联合作用，实现彼此之间信息的共有和集成，是协同服务为企业提供更全面、更有效服务的重要基础。

4. 发展性

发展性是指协同服务作为独立的、新型的、服务企业的一种形态，从外部环境看要受到政治、经济、文化、协同机制、技术水平等影响，随着国家政策的不断变革，其发展战略也要不断调整，协同服务的内容、形式、体制机制根据企业需求也会随时作出调整；另外，协同服务各主体、各要素之间存在着资源、信息、人员、知识的交流和反馈，具有较强的流动性，根据服务内容及时调整和组合各类技术资源，实现协同的动态化平衡。因此，协同服务的发展性特征可以应对未来可能出现的情形，并且随着社会的发展可以不断进行改进。

三、质量技术基础协同服务主体分析

确定协同服务的主体是开展协同服务的前提和关键，能够为协同发展的有效性提供方向引导与决策参考。NQI 协同服务的主体主要为政府、技术机构和企业，分析各参与主体在协同模式中的定位及其功能可以更好地为协同服务模式研究提供理论支撑。表 2－2 是这三类主体的主要作用与功能。

表 2－2　NQI 协同服务主体功能分析

参与主体	功能
政府	政策引导、宏观调控、资金扶持
技术机构	技术支撑、统筹规划、资源共享
企业	需求反馈、成效展现、经济创收

（一）政府定位及功能

政府是 NQI 协同服务中的总指挥，主要发挥指导和监督作用，对协同服务中的其他参与者在制度政策、资金扶持等方面进行支持。一方面，政府为技术机构开展协同服务提供政策上的支撑，政府能够制定和实施合适的协同模式、机制体制、建设意见、配套措施等政策，为协同服务指明目标和方向，创造了良好的社会氛围。另一方面，政府还可以为技术机构提供基础条件上的帮助，比如大量人员、物资、建设经费的投入，不仅能够为协同服务实体站的搭建提供财政支持，还能增强协同服务平台的研发能力，营造良好的发展环境。政府参与下的协同服务，技术机构能够对相关方针、计划做出更为快速的反应，推动协同服务的快速发展。

（二）技术机构定位及功能

技术机构是可以提供计量、标准、认证认可、检验检测和质量管理等相关服务的机构，是 NQI 协同服务的核心主体，为协同服务的顺利开展提供技术保障。技术机构根据协同服务模式的不同，有两方面的定位，一是作为 NQI 技术服务提供者，为企业生产提供计量、标准、认证认可、检验检测、质量管理等服务内容。具体服务内容见图 2 - 1。

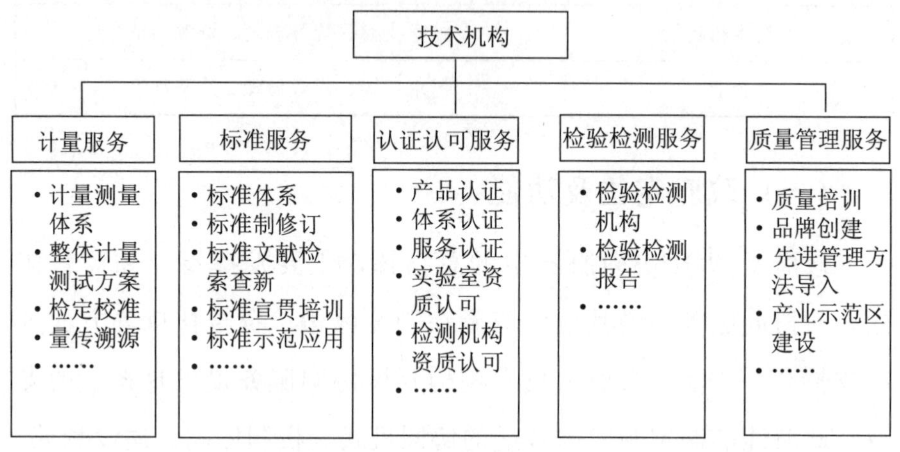

图 2 - 1　技术机构服务内容

另一方面，作为 NQI 协同服务的协调联络方，主要发挥组织协调与统筹规划的作用，建立起政府与市场、其他技术机构与企业之间的重要桥梁，组织协调其他技术服务机构进行具体的落实，为企业提供 NQI 全流程的技术服务内容。同时还将承担维护协同秩序的作用，尽量减少协同服务运行的摩擦力，提高服务效率，降低企业成本。

（三）企业定位及功能

企业是 NQI 协同服务的受益者，NQI 协同服务的目的就是为企业提供更科学、更高效、更便捷的服务，以取得经济效益的最大化，因此企业作为 NQI 协同服务的主要服务对象，承担着输送需求与反馈效果的重要作用，企业与技术机构的配合程度直接影响到协同服务的产出效果。在市场经济条件下，市场是质量发展变化的主要调节和推动力量，企业作为直接面向市场的载体，一方面可以反馈市场动向和需求，从而确定 NQI 协同服务的模式；另一方面也可反映出 NQI 协同服务在市场中的效果，以便及时调整 NQI 协同服务内容和机制，使 NQI 协同服务更加适应市场，产生良好的服务效果。

四、质量技术基础协同服务各主体需求分析

对 NQI 协同服务各参与方来说，NQI 服务信息的获取和处理都是各方需求的焦点。通过对 NQI 协同服务参与主体及其功能的分析，可以得到两个利益相关方：协同服务的需求方和协同服务的供给方。协同服务的需求方就是所服务的企业，企业的 NQI 需求是协同服务发展的驱动因素。协同服务的供给方是提供计量、标准、认证认可、检验检测、质量管理等 NQI 服务的技术机构，供给方以企业 NQI 需求为导向，同时又受到自身供给能力的影响。协同服务的供需双方是协同服务体系形成的主导利益相关方，他们相互之间围绕 NQI 服务的供给和需求形成的协同关系是最主要的关系。

（一）协同服务需求方

企业作为协同服务的需求方其需求主要是对技术机构所提供的 NQI 资源需求和 NQI 服务需求。通过对企业的主观需求分析

与提炼，企业对NQI资源与服务需求主要包括便捷、高效、有序等几个方面。

1. 便捷

便捷意味着服务需求方能够在一个服务大厅或信息平台上供给方能够提供全流程的NQI服务，不必花过多时间和精力去寻找符合自己需要的NQI服务部门，从而达到便捷的要求。

目前，计量、标准、检验检测、认证认可、质量管理等部门单兵作战现象突出，NQI资源分布零散、配置不均衡、开放共享程度低，企业在进行NQI服务时，需要向各个部门沟通、处理与反馈，耗时耗力，处理的时效性很难保证。而便捷的协同服务，通过完善的协同服务体系，减少了需求方实现NQI服务过程的人力、物力、财力等资源投入，减轻了企业负担，简化了企业的办事流程。一站式的服务取决于协同方的沟通协调能力、技术机构间的配合能力以及企业自身通过企业自身NQI水平的提升，从而为各方带来可观的经济效益

2. 高效

高效就是让供需双方能够实现方便快捷的沟通，并对服务的内容、结果等快速形成有效的共识，满足诉求途径方便、服务响应和达成时间短等方面的需要，实现服务的高效率。

服务效率是由服务诉求、服务响应时间、需求处理速度等决定的。服务诉求高效意味着需求传达的手段和方式是简单易得的；服务响应和达成的时间短意味着供需双方的沟通和互动的及时性

高并且对需求处理的效率很高。服务效率受服务方式的影响，在科技发达的当今社会，信息平台共享与处理的方式要比传统方式方便快捷的多，在处理多用户请求的处理效率上将会更加高效。

3. 有序

有序的协同服务应具有服务内容标准、服务过程规范等特点。

供给方在提供 NQI 服务供给时，应该能够为需求方提供明确的服务内容，包含计量、标准、认证认可、检验检测、质量管理等具体服务事项和规章制度，让企业能够清楚地知道自己的需求，以便提前准备相应的资质、文件等材料。同时，服务过程要有完善的规章制度，服务过程的规范化程度直接决定了服务质量。协同服务过程规范包含流程规范、操作规范、管理规范等多个方面，只有明确服务流程，制定操作规则以及相应的管理措施，才能保障服务全过程有序高效地进行。

（二）协同服务供给方

协同服务的供给方为提供计量、标准、认证认可、检验检测、质量管理等相关服务的技术机构，不同服务类型的技术机构有其自身的服务规范和流程制度，在沟通配合起来较为困难和复杂。为了顺利开展协同合作，供给方首先在思想认识上需达成共识，共同相互配合服务于企业。其次，供给方要对各自的职责、流程等规范进行确认，以便为协同服务的开展奠定依据。

根据协同服务主体的定位分析，作为供给方的技术机构具有技术支撑和组织协调两大功能，因此其需求也从这两方面进行分析。

1. 作为技术提供者的需求

协同服务强调多个部门、多个技术机构的协调合作，但这并不意味着各个部门、技术机构提供的岗位职责被模糊化，恰恰相反，有效的协同合作开展正是以清晰的岗位职责和明确的流程规定为前提实现的。协同服务的本质并非打破各部门/技术机构的职责界限，而是重视和强调部门间的界限，使各部门/技术机构的资源得到优化配置与整合，以此作为协同合作安排与部署的重要依据。

提供不同 NQI 服务的部门和技术机构要对各自的岗位职责和范围进行确认，只有权责范围得以确定，才能进一步判断在协同合作过程中是否会出现多部门/技术机构的职责交叉和重复问题。同样，只有通过对部门/技术机构工作流程的确认才能实现对多部门/技术机构合作业务的梳理，确定所涉及的部门/技术机构之间的上下级关系，每一个工作任务的交接节点以及每一个步骤上的关键部门/技术机构，用以保障多部门/技术机构合作的实际运行效果。

2. 作为组织协同者的需求

由于 NQI 服务涉及的部门众多，受各部门体制机制、工作流程等各方面的制约，使得相互之间的协调较为复杂、消耗时间过长，因此技术机构作为组织协同者时，核心问题是需求搜集、处理以及反馈，要实现对企业和其他质监部门及技术机构的有效沟通与协调，使协同服务的其他参与方能够积极配合工作。

首先，需要获取完全有效的企业 NQI 需求信息。企业的 NQI 需求信息是组织协同者开展工作的依据，根据这些信息，组织协同者才能根据其所属处理部门来进行下一步与质监部门或技术机构的沟通、处理等活动。其次，由于企业发展的不平衡，不同企业的信息化水平和能力差异度大，企业间信息标准和格式不统一，企业之间的信息交换效率极低，使得组织协同者在接收、处理这些信息时存在很大的难度。组织协同者只有统一信息标准才能够提高服务的效率。这就需要组织协同者在工作之初进行协同体系的搭建，完善协同管理制度，建立规范的协同服务流程。

五、质量技术基础协同服务载体分析

NQI 协同服务载体是指协同服务主体之间进行沟通、协作、互动的工具、设施和场所。NQI 主体需求的便捷、高效、有序的协同服务，主要依靠载体来实现。NQI 协同服务的载体包括实体服务形式和信息化服务手段。

（一）实体服务载体

实体服务形式通过建设实体服务站或通过统一服务大厅/窗口，收集、办理企业管理质量技术基础的实际需求，为企业提供质量技术基础相关协同服务。

1. 质量服务大厅

质量服务大厅是将质量技术基础相关业务进行集中受理的场

所。以天津产品质量监督检测技术研究院为例，其业务服务大厅即为企业提供技术服务的场所，在服务大厅设置公示电子显示屏，公示各项中小企业服务措施、工作流程、服务项目、资质能力、收费价格、监督方式、服务人员情况等信息。在业务窗口中设立专门为中小企业绿色服务通道，在质检院和检测中心确定中小企业专门服务人员，为中小企业办理相关服务。服务大厅为企业提供了“一个大厅”“一站到底”的 NQI 信息及服务获取方式，企业所享受的所有 NQI 服务都可以通过与窗口工作人员的“单一接触”完成，即为企业的 NQI 协同服务大厅的功效。

2. 质量服务站

质量服务站是一种为企业提供全生命周期的计量、标准、检验检测、认证认可等基础性质量服务的新模式，该模式由武汉市质监局在江岸区岱家山科技城首先创建。服务站由质监部门提供技术和培训支持，园区选聘质量服务专员，做到 6 个“统筹”，即为“双创”企业统筹计量、标准、检验检测、认证认可等质量技术基础工作，以及质量品牌建设、质量文化建设工作。建立起了政府—园区服务站—企业的质量服务传导模式，为园区双创企业提供全生命周期质量技术支持。服务站为企业提供全生命周期质量技术支持，包括定期组织检定机构上门为企业提供计量检测服务、认证服务等，实现低成本、便利化、开放式、全要素的服务效果。

3. 服务卡片

统一印制发放质量服务卡，使企业可以按需取索、“看单点菜”，甘肃出入境检验检疫局采用此种服务方式进一步完善了服务企业的渠道。甘肃出入境检验检疫局印制发放的质量服务卡只有身份证大小，内含报检原产地备案、检验检疫申报、关税优惠查询、办事咨询途径等多种信息，不仅方便携带，而且简洁实用。卡片上印制的服务电话、办公地点、业务咨询群等各类办理方式等信息方便了进出口企业人员全面了解检验检疫窗口业务。质量服务卡的印制和发放，体现了便民利民的用心和贴心，是协同服务开展的一种有力支撑手段。

4. 服务基地

服务基地主要是指技术性贸易措施研究评议基地，是为加强对国外重大技术性贸易措施的跟踪、研判、预警、评议和应对而建立的场所。安徽出入境检验检疫局在国家质检总局标法中心的支持下，与亳州市委、市政府共同创建了“中国 WTO/TBT-SPS 国家通报咨询中心亳州中药材技术性贸易措施研究评议基地”，这是首个由安徽出入境检验检疫局主导建设的全国出口产业技术性贸易措施研究评议基地。帮助企业直接参与国际技术性贸易措施的关注、评议、交流和反诉当中，让企业及时掌握和应对国际上的最新法规、标准和信息，同时也倒逼企业提升出口产品质量和国际市场竞争力，促进安徽中药材顺利出口。

（二）信息化服务载体

信息化服务载体是利用大数据、“互联网＋”等现代信息技术，基于网站、微信公众号、电话等方式收集、处理企业实际需求。技术机构基于一套共同的信息技术工具、应用措施和标准化协议实现信息的有效共享，进而为企业提供便捷、统一的网络服务和全流程的 NQI 事项办理。

1. 技术服务平台

技术服务平台在业务咨询、标准研究、认证检测、技术支持、学习培训等方面向企业提供深度、便捷、专业的技术服务，具有数据采集、实时监控、流程跟踪、分析评价、在线查询、信息发布、产品质量追溯等服务功能，实现计量、标准、认证认可、检验检测等全业务流程信息化。技术服务平台通过信息化手段对技术服务内容进行网络公示，企业足不出户即可浏览质量技术基础相关信息，同时可进行在线检测申请、认证申请、标准查询等操作。沧州检验检疫局、廊坊检验检疫局等均是采用此种服务方式为企业提供服务。

2. 信息资源数据库

将标准、计量、认证认可、检验检测等质量技术基础数据资源整合与共享，形成便于查询的、开放的 NQI 协同服务信息资源数据库，作为 NQI 协同服务信息平台的数据支撑，强化政府、企业对数据的共享。信息资源数据库能够及时记录对企业服务的具体内容、服务结果、服务反馈以及企业提出的意见和建议，对技术服务过程实施电子化动态管理，适时更新数据库；电子化信息资源数据库方便信息检索、统计分析，数据库能有效实现众多电子信息的储存、分类、检索和查询，确保服务及时、高效。

3. 在线宣传推广手段

在线宣传推广手段是指通过微信公众号、QQ、微信群等信息化手段，为企业提供咨询服务。邢台检验检疫局为推进“互联网+检验检测”，注重线上、线下相结合，通过建立检测服务平台微信公众号、检企 QQ、微信群，定期推送最新动态、检测技术及相关法律法规；组织各种形式的技术交流、技术培训等活动，深入企业开展相关技术服务及减免政策宣传。

第三章　国外质量技术基础协同服务发展状况

目前，世界各国以质量为核心的国际贸易竞争日趋激烈，而质量之争，在很大程度上表现为质量技术基础之争。一个国家如果没有完备的质量技术基础，就谈不上质量升级，更谈不上国家竞争力的提升。

根据国际标准化组织（ISO）资料显示，ISO的119个成员国中绝大部分国家的质量技术基础设施，包括法律法规、体制机制等“软件”和检验检测机构、仪器设备等“硬件”，均由政府牵头，各相关方参与和推动，但在具体组织模式和协同服务机制上又各有特色。

一、美国质量技术基础协同服务模式研究

美国国家标准与技术研究院直属于商务部，以提高经济安全和改善居民生活为目的，通过提高计量、标准和制造业的技术，促进美国的制造业创新和工业竞争力。

为提高制造业竞争能力，美国国家标准与技术研究院组织实施了制造业拓展伙伴计划，设立制造拓展中心向制造业企业提供

质量技术基础协同服务。

1. 政策支持

1988年，美国出台《综合贸易与竞争法案》，首次正式提出联邦机构应肩负起技术的商业推广职责，建立制造拓展中心，中心的运营成本由联邦政府与主办机构分摊。

1989年，美国率先在南加州、俄亥俄州、纽约三个地区建立了制造拓展中心。

1993年，美国实施的《技术再投资计划》为制造业企业的转型升级给予了资金支持。

2009年和2010年，美国先后公布了《重振美国制造业框架》和《制造业促进法案》，政府将“重振制造业”和“出口倍增”作为政策目标，帮助制造业企业提高竞争地位，确保在全球市场竞争中美国制造业企业的竞争优势，以打造美国强大的制造业基础。

这些政策的陆续出台，有力促进了制造业拓展伙伴计划的有效实施，为从国家层面对制造业企业提供标准、计量、认证认可、检验检测一体化的质量技术基础服务提了强有力的政策保障，初步搭建了质量技术基础网络服务平台，增加伙伴合作范围，强化各项服务内容，形成一个完整、可持续的质量技术基础协同服务发展框架。

2. 资金配套

（1）资金来源

制造业拓展伙伴计划项目经费来源于美国联邦政府经费、州政府/地方政府经费、制造拓展中心有偿服务收入和企业行业资助的其他经费，其中联邦政府经费最为稳定，并有效带动了其他主体资金的投入。

以 2012 年为例，联邦政府的资金投入超过 1 亿美元，州政府和地方政府投入接近 3 亿美元，制造拓展中心为制造业企业提供了广泛的技术服务和其他资源支持，带动企业投资 26 亿美元。

自 1989 年至今，联邦政府对制造业拓展伙伴计划的资金投入从未间断，并且其资助额度不断提高，支持情况如图 3－1 所示。资金渠道的畅通及资金的有效供给，为美国能够为企业提供优质的质量技术基础服务奠定了强有力的资金保障。

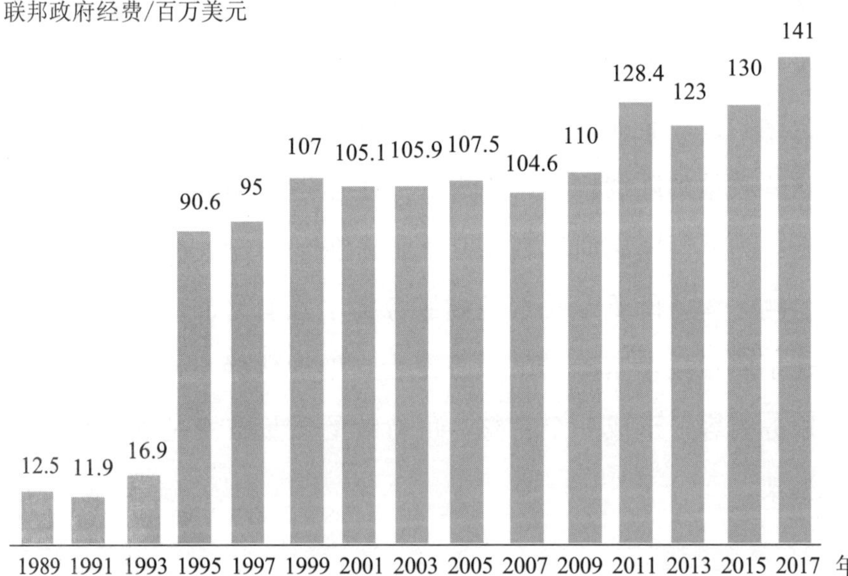

图 3－1　联邦政府对制造业拓展伙伴计划的资金投入情况

(2) 资金分配

制造业拓展伙伴计划的总预算大约是 3 亿美元，其中三分之一是由联邦政府提供，其余来自州和其他行业。2013 年，联邦政府贡献了 1.23 亿美元，其中超过四分之三直接资助了制造拓展中心，联邦资金分配情况见表 3-1。

表 3-1 2013 年联邦资金分配情况

项目	资金/百万美元	占总计百分比/%
制造拓展中心	93.5	76.0
战略竞争	3.9	3.2
支持中心	11.4	9.3
MEP 员工工资福利	7.8	6.3
其他开销	0.9	0.7
NIST 开销	5.5	4.5
总计	123.0	100

a. 分配额度

联邦政府通过美国国家标准与技术研究院向制造拓展中心提供资金支持，其资金的额度分配取决于：制造拓展中心的年度规划；制造拓展中心的运营状况；年度联邦资金对制造业拓展伙伴计划投入的总体情况；其他特殊要求。

b. 分配期限

由于制造拓展中心运营时间期限的不同，联邦资金的投入各不相同。联邦资金的支持期限和取决于制造拓展中心自身的技术、资金持有情况及中心的运营状况，如表 3－2 所示。

表 3－2　制造拓展中心资金支持情况

制造拓展中心运营时间 /年	联邦资金最大占比 * / %
1～3	50%
4	40%
≥6	33%

注：* 为联邦资金占制造拓展中心年度运营成本的比例。

在制造业拓展伙伴计划实施的初期，根据联邦法规第 15 卷中规定联邦资金对制造拓展中心的支持期限不得超过 6 年，中心运营 6 年后便停止对其进行联邦资金援助。多年的运营经验表明，制造拓展中心仅依靠部分有偿服务的微薄收入和其他非联邦资金的支持无法维持正常运营。因此，1998 年国会通过立法改变了上述规定，针对运营超过 6 年的制造拓展中心，将继续提供联邦资金支持，联邦资金最大占比不得超过运营总额的 33%。

3. 机构设置

制造业拓展伙伴计划的组织机构由三部分组成，其中：

主导机构——美国国家标准与技术研究院（NIST）；

执行机构——制造拓展中心、服务站；

支持/合作机构——合作伙伴。

各部分间密切配合，三位一体，为制造业企业提供质量技术基础协同服务，结构关系如图 3－2 所示。

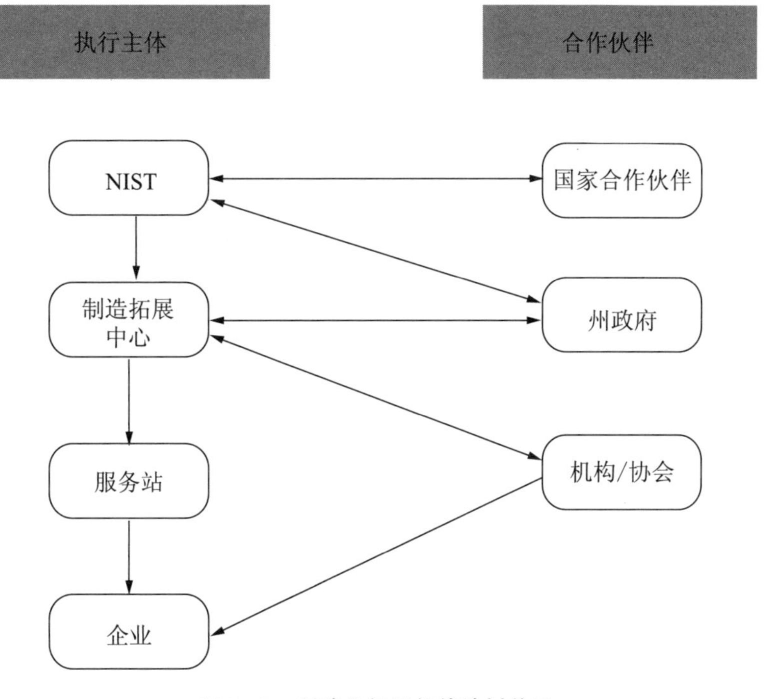

图 3-2　制造业拓展伙伴计划关系

（1）美国国家标准与技术研究院

美国国家标准与技术研究院直属于美国商务部，其职能包括计量、检验检测、标准等，通过维护和改进国家质量技术基础，协调各利益相关方之间的关系，开展质量技术基础建设活动，使质量技术基础对美国经济增长的贡献率得到最大化，创造有利于创新和技术信息传播的商业和政策环境。作为美国质量技术基础协同服务的主导机构，NIST 负责制造业拓展伙伴计划的组织实施工作，包括制造拓展中心的创建管理、资金分配、业务拓展、绩效评估等。联邦机构对 NIST 提供关键性的资金支持和政策鼓励。此外，NIST 制造业拓展伙伴计划外设管理咨询委员会，由各领域专家组成的委员会，负责从国家视角对工业发展和制造业拓展伙伴计划的实施提出指导规划和实时建议。

（2）制造拓展中心

制造拓展中心由 NIST 批准设立，是制造业拓展伙伴计划的执行机构，为区域范围内企业提供质量技术基础协同服务。

a. 资质评审

每年度，在联邦资金到位后，NIST 即会发出公告，要求相关机构在规定时间内准备申报制造拓展中心的相关材料，并对各申报机构进行遴选，其遴选标准为：对申请机构的区域位置及其服务市场份额的大小进行评估，确认其是否划定了合适的服务区域范围；该机构所具备的能够提供质量技术基础服务的软硬件条件，以确保技术资源优势；机构要具备一定的服务拓展能力，能够在现有的服务基础上，向外地区外部门提供有效的外扩性服务；机构要具有完备的内部管理与财务计划，已确保内部高效运转及资金的可合理分配。经过筛选，对具备上述评审条件的机构 NIST 将组织对其进行实地核查，并根据最终的评定得分确定“制造拓展中心”机构名单。

b. 年度评审

对于已经成立的制造拓展中心，每年至少接受一次评估，三年进行一次正式评估。其评估结果将作为联邦资金对制造拓展中心提供资金支持的重要依据。

其评估内容包括：评估制造拓展中心实施质量技术基础协同服务年度目标的完成情况；分析配套资金状况，评测制造拓展中心的资源优势，包括技术和资金两方面的资源；通过成功案例、质量技术基础服务内容，评价制造拓展中心的工作成效；评估网络信息化发展程度和服务拓展能力，包括与制造技术相关的信息在各产业、各高校、非营利性经济发展组织和州政府间共享及扩散。

（3）服务站

制造拓展中心下设服务站，为当地制造业企业提供直接技术援助。目前，已认证建立的制造拓展中心达60多个，遍布美国的50个州，下设近600个服务站，约1300名现场工作人员担任商业顾问和技术专家，服务全国各地的制造业企业，形成覆盖全国的服务性网络平台，为制造业企业提供技术咨询，帮助企业有策略地规划和实施业务增长机会，切实提高企业的市场竞争力。

（4）合作伙伴

如图3-2所示，制造业拓展伙伴计划的合作伙伴来源于三个方面：一是国家合作伙伴，包括环境保护部、国防部、劳工部等相关部门；二是州政府，与美国50个州建立合作关系筹建当地的制造扩展中心，向该州制造商提供直接援助，同时与州内的其他组织合作包括大学、社区学院和经济发展组织等，以协助中心为美国工业企业提供直接援助；三是机构/协会，制造拓展中心与许多专业和行业协会合作，其中包括全国制造商协会，制造工程师协会，加工技术协会和美国机械制造商协会等。

为了加强合作关系，确定合作关系范围，制造业拓展伙伴计划与不同的合作机构签订谅解备忘录和协议备忘录建立正式的合作伙伴关系。谅解备忘录和协议备忘录作为质量技术基础协同服务的合作平台，其中包含相关的合同/协议，根据伙伴关系的特点，每份协定的内容不尽相同。合作伙伴关系的建立，不仅提高了质量技术基础协同服务的效率及影响能力，还是制造业拓展伙伴计划实施的重要支撑。

4. 组织运行

（1）管理模式

由于地域差别、合作伙伴差异和承担/主办机构的不同，制造拓展中心在管理结构和经营策略差别较大，呈现多元化的管理模式：一是主办机构为州政府，州政府组织当地技术机构为制造业企业提供服务，以纽约为例，该州定期对10个非营利组织进行竞争性奖励，以此服务州内的制造业企业；二是主办机构为非营利性机构，该机构与其他组织包括州政府、学术机构、经济发展组织等合作建立伙伴关系，依靠国家技术机构构建专业技术服务资源。

（2）服务内容

制造业拓展伙伴计划是通过质量技术基础协同服务的方式提高制造业企业的生产/创新能力，其服务内容包括如下几方面：

a. 提高新标准、新技术及新的质量管理方法/流程在美国中小型企业使用率；

b. 加强科学、工程、技术等质量技术基础相关信息向包括中小型制造公司在内的工业企业积极扩散；

c. 使NIST的新方法、新技术向全美制造业企业转移，通过全国性的服务网络为制造业企业提供服务；

d. 提高各方在制造业拓展伙伴计划中的参与度，包括产业、大学、州政府、其他联邦机构等；

e. 适当利用NIST以外的其他联邦实验室研发的专业知识及相关能力。

美国制造业拓展伙伴计划的优势，不是从头创建产品和服务计划，而是建立合作伙伴关系，通过意识教育、项目合作等方式，将制造业拓展伙伴计划中的优势技术资源，包质量管理、技术能力、能源与环境等各类信息和资源进行重新地整合与分配，提供给各类制造业中小企业。

二、印度质量技术基础协同服务模式研究

印度的中小微企业占工业企业总数的80%以上，占制造业总产量的45%，占出口总额的40%。考虑到小微企业在国家工业生产、出口和创业基地创建等方面的贡献，印度中央政府充分发挥其监管和服务职能，加强质量技术基础设施建设，服务中小微企业提升产品质量和竞争能力，研究制定了国家制造业竞争计划。

国家制造业竞争计划主要围绕精益制造、技术质量升级、质量管理标准和质量技术工具、中小微企业设计诊断计划、中小微企业营销援助、知识产权意识、工业孵化器等多个方面加强质量技术基础服务、发展中小企业竞争力，从而促进整个国家制造业竞争力得到整体提升。

1. 政策措施

2005年，印度政府宣布制定“国家制造业竞争力计划”，该计划以提高中小微企业行业竞争力为目的，缓解自由贸易和关税税率调整对中小微企业带来的竞争压力。国家制造业竞争力计划围绕精益制造、技术质量升级、质量管理标准和质量技术工具、中小型企业设计诊断计划、信息通信工具推广、中小微企业市场营销援助、知识产权意识活动、工业孵化器等多方面开展，是一项服务于中小微企业，发展企业竞争力的计划。

为保障国家制造业竞争力计划的顺利实施，促进中小微企业提高自身竞争能力，印度政府于2006年10月12日正式颁布“中小微企业发展法案”，规定成立国家中小微企业管理委员会并对其组成及部门职责进行了分配，提出中小微企业界定标准，为促进中小微企业发展制定了多方面规划，其中包括中小微企业的信贷额度，采购优惠政策、中央政府补贴、资金的管理与利用等多项内容。2009年8月2日，印度前总理宣布成立专项小组，针对中小微企业所面临和关心的问题提出详细的建议。建议涵盖信贷、市场、劳动力、政策完善、基础设施、技术和技能发展和税收等多个方面。2015年4月20日，为适应国内外经济环境的变化，印度政府再次对中小微企业发展法案进行修订，提出“中小微企业发展（修订）法案”，加大对中小型企业的资金投入，使得中小微企业能够较好地适应市场变化并获得良好的收益。

2. 资金支持

国家制造业竞争计划实施至今，为印度中小企业的发展乃至国家制造业的提升带来了丰硕的成果。为保证《国家制造业竞争计划项目》的顺利实施，印度政府在资金的投入与分配方面给予了充分的支持。

以 2015—2016 年预算为例，《国家制造业竞争计划项目》的总投入为 360.5 千万卢比，约 3.69 亿元人民币，占中小微企业发展委员会总预算的 43.33%。其中，12 千万卢比用于精益制造竞争计划；5.5 千万卢比用于促进中小微企业信息与通信技术的发展；20 千万卢比用于支持中小微企业的质量认证和技术升级；7 千万卢比用于使用企业孵化器支持中小型企业的管理和创新发展；10 千万卢比用于中小微企业的设计诊断计划；6 千万卢比用于质量管理标准和质量技术工具方案；10 千万卢比用于中小微企业的营销援助与技术升级；290 千万卢比用于与信贷关联的资本补贴计划。

《国家制造业竞争计划项目》在 2012—2013 年、2013—2014 年、2014—2015 年、2015—2016 年资金投入情况总结如表 3-3 所示。

表 3-3　国家制造业竞争计划的资金投入情况（2012—2016 年）

单位：千万卢比

序号	实施内容	2012—2013 年	2013—2014 年	2014—2015 年	2015—2016 年
1	精益制造计划	15.00	15.00	15.00	12.00
2	信息与通信工具	20.00	18.00	18.00	5.50

表 3-3（续） 单位：千万卢比

序号	实施内容	2012—2013 年	2013—2014 年	2014—2015 年	2015—2016 年
3	质量认证与技术升级	26.00	20.50	20.50	20.00
4	企业孵化器计划	12.00	10.50	10.50	7.00
5	设计诊断计划	14.00	14.00	14.00	10.00
6	质量管理标准与质量技术工具	10.00	10.00	10.00	6.00
7	企业营销援助与技术升级	12.00	12.00	12.00	10.00
8	信贷挂钩资本补贴计划	369.00	387.75	387.75	290.00
总计		478.00	478.75	478.75	360.50

3. 机构设置

印度质量技术基础服务计划由中小微企业发展协会组织实施。中小微企业发展协会通过统筹协调系统内专家团队、专业机构力量，并与外单位建立伙伴关系共同完成中小微企业质量技术基础协同服务工作。

在质量技术基础服务的实施方面实行三级管理，第一级由审查指导委员会提供全面指导；第二级由国家监督和执行部负责促进和监管质量技术基础服务的实施，国家监督和执行部下设咨询委员会和执行机构；第三级是企业集群，与质量技术服务顾问合作，执行特定任务。组织机构框架见图 3-3。

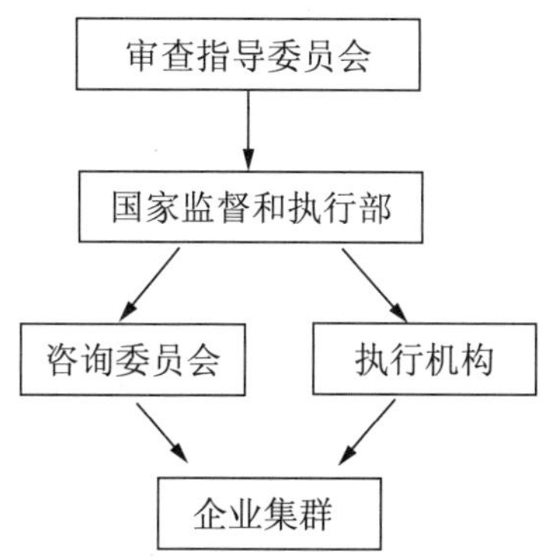

图 3-3　印度质量技术基础服务机构框架

（1）审查指导委员会

审查指导委员会为质量技术基础服务的执行提供最高级别的指示、审查、监控和总体指导，委员会的最高领导是中小微企业发展专员。审查指导委员会将全面负责政策制定、计划的实施和监控。委员会将有权作出一切与计划相关的主要决定，并且有权对指导方针进行变更，从而达到使计划顺利实施的目的。审查指导委员会将仔细研究国家监督和执行部提出的各类问题，为国家监督和执行部制定详细的执行策略。此外，还将审核国家监督和执行部为每个申请提出的意见，并定期或在需要时举行相关会议。

（2）国家监督和执行部

国家监督和执行部由中小微企业发展专员的提名产生，组成单位包括在质量领域拥有专业知识的印度议会和印度质量委员会，还有在质量管理和精益生产项目方面拥有丰富经验和专业能力的其他国家级组织和行业协会。

国家监督和执行部负责推动、执行和监督质量技术基础服务的进行，在质量管理和/或精益生产项目方面具有丰富经验和相关能力。在执行计划过程中，国家监督和执行部将作为中小微企业质量技术基础服务的“控制室”，代表发展专员监督项目执行的每个阶段，下设执行机构和咨询委员会。

国家监督和执行部的现场办公室将作为质量技术基础服务的执行机构。这些执行机构负责处理各类日常活动，确保质量技术服务能够平稳有效地执行。此外，这些执行机构还将负责与中小微企业发展协会、质量技术顾问、群组企业、相关联盟等协调相关事项。质量技术顾问和执行机构向国家监督和执行部提交质量改进报告，国家监督和执行部将报告汇总之后，提交至发展专员办公室。

国家监督和执行部需要对很多企业集群负责，应对相关的技术问题，作出生产力方面的决策，编制各类报告，向各类群组提出审批意见、进度建议等。为此，需要在国家监督和执行部内成立一个咨询委员会，并且授予委员会相关问题的决策权。咨询委员会至少由 3～4 名顾问组成，这些顾问应具有跨行业经验，而且所跨行业必须涵盖质量技术基础相关行业。此外，还要有一名来自中小微企业发展专员办公室的代表。国家监督和执行部及其技术咨询委员会有权对下列事项作出决定：1）对企业集群的申请进行评估，向审查指导委员会给出此类申请的意见；2）根据质量技术顾问的定期报告，反复核查企业质量技术改进中阶段事件的执行情况，并据此完成对企业的验收；3）与相关机构代表对参与质量技术改进的企业进行实地考察；4）定期举行质量技术顾问任职培训/会议；5）为参与质量改进的企业和质量技术顾问建立一个长期的中央数据库和参考资料室；6）通过国家监督和执行部，协助中小微企业办公室对技术咨询委员会作出的决策进行评估。

（3）企业集群

企业集群由10家中小微企业组成，这些企业位于一个集中的区域内，生产相同/相似的产品。企业集群中的所有企业与指定的质量技术服务顾问合作，执行特定的质量技术基础服务。

中小微企业之间需要签署一份双向谅解备忘录。谅解备忘录中涵盖以下几点内容：1）各个单位的集体和连带责任；2）接收国家监督和执行部印度政府资金拨款的详情；3）承诺遵守质量技术服务的条款；4）承诺与质量技术服务顾问合作；5）承诺定期向国家监督和执行部报告进展情况。

4. 服务流程

印度质量技术基础协同服务项目以中小企业集群为单位开展，通过互联网/电子邮件、集群机构、行业协会宣传等方式发布信息，收集企业申请，最终由审查咨询委员会进行筛选组群并指导提供相关服务，具体流程如下：

（1）资格审查。参与申请质量技术基础服务的企业必须已经在专业团体、协会、政府机构等地方完成注册。理论上，一个企业集群应由10家企业组成，各个企业之间应该签署参与质量技术基础服务的谅解备忘录。

（2）提交申请。通过资格审查的企业提交质量技术基础服务申请，该申请首先由国家监督和执行部审查并给出意见，然后由审查指导委员会审批。国家监督和执行部对企业集群的合规状况展开调查。如果群组的合规状况通过审查，国家监督和执行部将根据提交给审查指导委员会的信息发布批准备忘录。

（3）签订协议。企业申请的质量技术基础服务需求获得批准之后，企业集群将选出自己的质量技术服务顾问，并明确与国家监督和执行部进行协商的各项条款。之后，国家监督和执行部发布“签署备忘录获批”文件，企业集群可利用该文件与质量技术基础服务顾问和国家监督和执行部签订一份三方协议。

（4）项目执行。每个企业集群的质量技术基础服务最多持续18个月，在这段时间内，群组将完成诊断研究、实施行动计划、确认增量阶段、提交最终报告等工作。但是在退出计划之后，受益企业必须继续执行质量提升活动。执行质量技术服务的整个过程共包含五个阶段，向质量技术顾问发放资金之前，每个阶段都要经过审计验证。

第一阶段：完成针对特定群组的诊断研究报告。诊断研究报告应阐述群组的当前质量状况（5S管理、工作区管理、安全、卫生、节能、全面生产维护、库存减少、组织结构、布局、生产过程、视觉基线调查、废弃物品标识、库存活动、顶层习惯性问题等）。

第二至五阶段：质量技术服务顾问与企业集群对执行阶段应取得的收益进行沟通，记录/编制执行计划前后不同参数的状况。记录文档的格式包括案例研究、图片、视频等。这类文档将不定期提交至中小微企业发展专员办公室。国家监督和执行部将通过其现场办公室与中小微企业发展专员共同审计企业集群的阶段报告。

5. 服务内容

印度国家制造业竞争计划能够为中小企业提供的质量技术基础方面的服务如下：

（1）通过精益生产计划为中小微企业提供服务

精益生产的基本理念是，通过减少生产过程中的损耗、能源消耗、库存管理、空间管理等措施，提高企业的生产力和竞争力。精益生产由一系列技术组成，各类技术都经历了长时间的进化发展，每项发展都以在降低成本方面取得的或大或小突破为基础，因此可以帮助企业提高自身生产力和竞争力。

（2）以质量管理标准与质量技术工具开展服务

质量管理标准和质量技术工具项目旨在通过六西格玛、全面质量管理等质量技术基础设施改善中小企业产品质量，降低废品率，减少客户投诉，培养中小企业质量意识，服务内容包括：为企业技术部门、技术机构介绍适用模型；组织质量宣传活动；组织质量竞赛；质量管理标准和质量技术工具的具体选项的执行；追踪国际研究方向；质量管理标准和质量技术工具应用研究。

（3）支持中小微企业技术升级和质量认证

支持中小微企业技术升级和质量认证的目标是使中小微企业切实感受到节能技术、减少温室气体排放、产品质量认证带来的利益，使企业更具竞争力。服务内容包括：能效、清洁能源发展建设；实施节能技术；鼓励中小企业从国家/国际机构获得认证许可。

（4）中小企业营销援助与技术升级计划

这项计划的目的是通过各种活动，如包装技术升级，技能升级/现代营销技术发展，受威胁产品的竞争研究等提高中小微企业在国内外市场的竞争力。

三、加拿大质量技术基础协同服务模式研究

加拿大是一个拥有大量中小企业的国家，在加拿大近 114 万家企业中，中小企业的占比为 99.8%。因此，为了向遍布加拿大的中小企业提供更多的援助以支持企业的研究活动，1962 年加拿大国家研究院正式启动工业援助计划。工业援助计划旨在为中小型企业提供一整套资金支持和技术服务，以加快中小型企业的发展。到目前为止，工业援助计划已支持了超过 8500 家中小型企业进行研发和创新等相关活动。

1. 发展历程

加拿大工业援助计划于 1962 年由国家研究院正式启动，工业援助计划实施初期的目标是通过援助长期的科学研究和工程应用研究来促进新型工业研究团队的建立。现在，加拿大工业援助计划的任务是通过支持技术创新以及质量提升来刺激经济增长，该任务通过完成两个战略目标来实现。第一个战略目标是为中小企业技术的开发和商业化提供支持。第二个目标是与区域和国家组织合作，并在某些情况下资助它们的技术开发和商业化。

追溯历史，加拿大工业援助计划的管理结构经历了复杂演变，包括功能和覆盖范围的扩展以及多次重组。大部分演变都是对已发生改变的经济状况做出的反应。加拿大工业援助计划的发展历程简要概述如下：

1962—1978 年，工业援助计划建立大型项目资助。在此期间，加拿大工业援助计划开始作为单一计划提供长期技术和财政援助，每个计划持续五年。

1978—1984 年，随着对中小企业重要性的认识日益增进，该项目进行了扩展和多样化发展。增加了三个新的项目元素：小型项目资助、实验室研究资助和应届生雇用资助。

1984—1988 年：加拿大工业援助计划再次增加项目元素，以加强技术的传播和扩散：技术转让项目资助、国际技术服务。

1991—1999 年，根据加拿大国家研究院的战略计划，加拿大工业援助计划把重点放在“具有更大技术影响的复杂项目”上，同时继续努力建立和完善加拿大工业援助计划网络，对以下两方面项目提供援助：（1）支持小规模项目，协助中小企业展示和提高技术能力，为更实质性的投资建立基础。（2）涉及应用、研发以及技术改造的更复杂项目，对于缺乏承担项目所需的特定技术专长或关键技术的企业，工业援助计划对其提供服务。

2000—2005 年，加拿大工业援助计划的项目范围不断拓展，呈现出多样化的发展方向，详情如下：

（1）加拿大工业援助计划组织了 3 次到亚洲国家的技术访问，促使加拿大公司与亚洲公司签署了 20 份合作备忘录，国际上越来越重视让中小企业进入全球市场；

（2）加拿大工业援助计划通过与安大略环境技术进步中心的联合行动（生态效率创新行动），促进将可持续发展理念融入加拿大中小企业的创新过程；

（3）加拿大工业援助计划与加拿大技术网络合作，制定区域举措和技术集群战略，旨在将现有的本土技能、新兴行业的优势和机遇与加拿大国家研究院的核心研发优先事项联系起来；

（4）加拿大工业援助计划加入了加拿大科技伙伴计划，在预商业化阶段支持和资助中小企业项目。

2005—2009 年，加拿大工业援助计划制定了一项新的战略计划，侧重中型企业的需求，目的在于帮助更多企业从小型企业向中型企业发展。为实现这一目标，增加了大型项目资助的规模和数量。此外，加拿大工业援助计划也承担了更多的角色和职责：

（1）加拿大工业援助计划与加拿大研究院的加拿大科学和技术信息研究所合作为企业提供竞争技术情报；

（2）加拿大工业援助计划提供了对外交及国际贸易部的国际科技合作项目的技术评估；

（3）加拿大工业援助计划为加拿大公共工程和政府服务机构的加拿大创新商业化方案提供了应用、技术和商业化验证；

（4）加拿大工业援助计划为外交及国际贸易部的贸易代表团提供定期支持；

（5）加拿大工业援助计划通过由南安大略联邦经济发展署支付的 4500 万美元，为南安大略省社区的中小企业提供支持。

2009—2011 年，为应对 2008 年全球金融危机和经济衰退，加拿大政府制定了一项名为“加拿大经济行动计划”的全面刺激和经济复苏计划。作为该计划的一部分，加拿大工业援助计划两年内获得了巨额资助，借此可为每个项目的公司提供更多的资助。

加拿大工业援助计划还负责提供数据化服务，从 2011 年 10 月到 2014 年 3 月，加拿大工业援助计划的工业技术顾问为中小企业提供信息技术系统和技术方面的建议，并提供资金以改善经营业绩。这是加拿大政府整体数字经济战略的组成部分，旨在加速加拿大境内对数据技术的采用和投资，以提高中小企业的生产力。

2012 年，Jenkins 报告指出加拿大政府应对加拿大企业给予的研发支持进行全面审查，以优化政府提高企业创新和竞争力的资助结构，同时建议通过工业援助计划，为企业提供更为直接的支持服务。为此，工业援助计划开始为全国中小企业开发和提供新的协同服务，主要表现为提供跨区域的一站式采购服务。

2. 资金配套

(1) 资金来源

加拿大工业援助计划的资金来源分为两部分，一部分资金是政府每年正常拨付的基础性资金 A，另一部分为限时的、用于特定目的、一次性的额外资助资金 B。

以 2008—2012 财政年度的工业援助计划预算拨款来举例说明。每年收到的基础性资金预算合计每年 13700 万美元，其中 8900 万美元用于资助中小型企业，4800 万美元用于支付工资和运营费。而成立 B 资金主要是加拿大为了应对 2008 年全球经济危机和经济衰退而制定的综合性刺激与经济恢复计划，即加拿大经济行动计划。作为该计划的一部分，工业援助计划在2009—2011年度获得了两年的额外资金。

加拿大工业援助计划在2008—2009年、2009—2010年、2010—2011年、2011—2012年资金投入情况总结如表3-4所示。

表3-4　工业援助计划预算　　单位：美元

计划	2008—2009年	2009—2010年	2010—2011年	2011—2012年
A资金：				
公司资助	71002	73601	72384	72714
组织资助	11518	11371	11763	11380
青年计划	5000	5000	5000	5000
A资金总额	87520	89972	89147	89094
B资金：				
加拿大经济行动计划（CEAP—企业）	0	90000	80000	0
加拿大经济行动计划（CEAP—青年）	0	10000	20000	0
青年职业聚焦计划资金	0	262	3624	0
南安大略省经济发展机构（社区调整基金）	0	17500	26600	0
南安大略省经济发展机构（南安大略发展计划）	0	27500	16150	0

表 3-4（续）　　单位：美元

计划	2008—2009 年	2009—2010 年	2010—2011 年	2011—2012 年
B 资金：				
B 资金总额	0	145262	146374	0
总投资额	87520	235234	235521	89094
劳务费	33904	32550	37742	35208
运营费	14781	12176	8741	12292
南安大略省经济发展机构的营运预算（劳务费和运营费）	0	2118	2001	0
总劳务费和运营费支出	48685	46844	48484	47500
总预算	136205	282078	284005	136594

来源：工业援助计划国家研究委员会。

（2）资金分配

对于加拿大工业援助计划的年度预算组成以 2011—2012 年为例来说明，工业援助计划在 2011—2012 年的预算中有 53%用于公司的技术支撑，26%用于工资的支出。运营费占比是 9%，对区域性组织资助的预算为 8%，作为对企业创新的资助资金，用于《青年计划》的份额为 4%。

为了解为中小型企业提供质量技术基础服务的不同组织机构所占比例，对 2011—2012 年企业研究援助资金预算中用于组织资助的资金分配进行了调查分析，调查结果显示，工业协会或职业协会所获得资金占比最高为 29%，其次为加拿大大学、学院等占比为24%。

3. 机构设置

加拿大工业援助计划由加拿大国家研究委员会管理。国家研究委员会是加拿大最大的联邦研究和技术组织，雇用了大多数科学和工程研究领域的4000多名工作人员，还包括1500名访问工作者。国家研究委员会的职责包括：

（1）承担、协助或推动在加拿大不同重要领域所需开展的科学和工业研究；

（2）研究制定测量标准和方法；

（3）承担加拿大工业领域所使用或采用的科学技术仪器仪表和材料的标准化及认证；

（4）管理国家研究委员会的研究和开发活动；

（5）为研究和工业界提供重要的科学技术服务。

加拿大工业援助计划由国家研究委员会的高级执行委员会监督，该委员会由1名主席、5名副总裁、秘书长、人力资源处署长、加拿大工业援助计划署长和首席财务官组成。国家研究委员会主席任命10～12名技术支持顾问，这些技术支持顾问分散在加拿大各地并为各地区的企业提供服务。此外，加拿大工业援助计划还设立了咨询委员会，为该计划的战略方向、组织管理提供额外支持。

4. 服务模式

工业技术顾问是加拿大工业援助计划能成功实现的主要因素。

为促进中小型企业的发展和技术的商业化，加拿大工业援助计划主要通过工业技术顾问从技术资讯服务和财政援助服务两个方面为中小企业提供支持。

（1）技术资讯服务

加拿大工业援助计划与包括制造业和高科技服务业在内的各个行业的中小企业合作，通过覆盖加拿大 90 个社区 150 个地区办事处的 220 名工业技术顾问提供服务。工业技术顾问主要侧重于帮助加拿大中小企业进行技术创新和新产品开发活动，并在产学研方面发挥着特殊作用。同时，技术顾问为中小型企业提供咨询服务，并为中小企业提供培训和研发创新活动的资金。企业技术顾问有助于加拿大工业援助计划与加拿大中小企业之间建立长期的合作伙伴关系。企业技术顾问还能通过广泛的联络网提供网络和联络服务，为中小型企业和企业专家、风险资本供应者、潜在商业伙伴和其他投资者建立联系。涉及企业技术顾问的商业网络能为中小型企业提供相应机会，有助于中小型企业与专家和组织在当地资金来源、区域研发举措、技术经纪人和技术转移中心等方面建立密切联系。

（2）财政援助服务

加拿大工业援助计划为创新型项目、毕业生和相关组织机构提供资金援助支持。例如，据 2009—2010 财政年度显示，工业援助计划资助了 2597 家公司、2947 个项目。加拿大工业计划的财政援助服务主要包括如下三部分：为公司提供财政支持以促进技术驱动和产品工艺改进；对能为中小型企业提供服务的第三方组织提供财政资助；对根据青年就业计划雇用应届毕业生的公司进行财政补贴。

5. 服务内容

加拿大工业援助计划在质量技术基础方面能够提供的服务内容有：通过促进中小企业的技术应用，提供中小企业精益生产、新过程和技能的审核，支持技术转让和商业化，促进高校技术成果转化应用等，实现中小企业的技术创新与实践计划；培养创新和新产品开发技能，提供中小企业出口援助和培训，促进节能制造技能，提供标准服务，对下一代制造技术提供援助；担任其他中小企业支持服务的经纪人角色，将政府、地方与企业紧密联系在一起。

四、英国质量技术基础协同服务模式研究

英国制造业咨询中心隶属于英国政府商业、创新和技能部，采用政府支持、社会参与和专家服务的多方合作模式，通过 9 个区域中心为英国中小企业制造商提供技术信息与质量技术基础等方面的相关服务。英国制造业咨询中心采用最佳制造实践解决方案，特别是围绕精益制造来提高企业质量技术基础，进而来提高生产力促进企业发展，提高企业竞争力。

1. 政策措施

为了对制造业领域的中小企业提供技术咨询和战略服务，2002 年 4 月，英国贸易和工业部设立制造业咨询中心，该中心隶

属于英国政府商业、创新和技能部，是其下属的企业成长服务部门的一部分，具有政府支持背景，同时，中心还与贸易协会、研究委员会和大学部门开展合作。

2002—2011 年，制造业咨询中心作为区域性机构，为英格兰和苏格兰地区的中小企业提供技术和战略咨询服务，包括向企业推出广泛、开放的政策计划，提供有力的信息和资金支持，开展精益制造促进工艺改进，帮助企业获得更多高质量的商业运营咨询建议等。

2011 年 11 月，制造业咨询中心进行重组，自 2012 年 1 月起成为全国性的制造业咨询集团，为全英国的中小制造业企业提供服务，其提供的服务和功能也有了进一步扩展。

2. 机构概况

制造业咨询中心的资金资助主要来源于英国商业、创新和技能部，部分资金来源于由欧洲区域发展基金。

制造业咨询中心由 80 多位拥有特定制造业专业知识的业务增长管理人员组成，为制造业企业制定长期计划战略、改善工艺流程、开发新产品市场和发展供应链。

制造业咨询中心目前涉及的制造领域有：航空与国防、汽车、化工、工程建设、电子、食品、生命科学、海洋、材料与工程、核能、海上风电、石油和天然气、制药、铁路等。

3. 服务模式

制造业咨询中心主要为英国的中小制造业企业提供服务，但是大型制造业企业也能得到制造业咨询中心的帮助。这里所说的制造业企业不仅仅局限于实际产品的生产商，只要是与制造业相关的全生命周期如设计开发、生产、物流、服务及报废等企业都能得到制造业咨询中心的帮助。制造业咨询中心对中小型企业的服务包括项目资助及质量技术提升服务。制造业咨询中心为大型制造业企业的服务主要是开发供应链，并可以协助采购中小型企业提供的服务。服务模式如下：

首先由制造业企业提交服务需求，相关企业可以通过制造业咨询中心的审查注册页面在线完成详细信息，或拨打电话进行联系。如果企业不确定是否有资格获得资助，可与制造业咨询中心联系，制造业咨询中心将回答相关咨询问题，并确认企业的资格和适用性。制造业咨询中心还可以为企业提供其他支持和专业知识，以及有了解制造业生产和业务支持的资深团队为企业免费咨询。

制造业咨询中心根据企业的具体经营情况提供实际操作支持，可以为制造业企业制定长期计划战略、改善工艺流程、开发新产品市场和发展供应链，同时为出口、融资、领导能力建立和管理技能等方面提供支持和服务，具体服务流程为：

第一，明确企业需求。制造业咨询中心得到企业的帮助请求后，首先委派 1 名资深的制造业专家为企业进行一个简短的业务审查和诊断：（1）建立企业健康档案；（2）明确企业成长的障碍；（3）讨论企业改善的机会；（4）创建行动计划。

第二，实施企业战略。企业可以选择想要合作的顾问或培训师，以实现企业目标。制造业咨询中心将从以下几个方面帮助企业实施战略：（1）确定优先事项；（2）量化和制定预期成果与效益；（3）如果需要的话，可以选择合适的顾问/培训师；（4）在适当的情况下，帮助完成融资的申请文书工作；（5）管理企业的项目，以确保它的正常运行。

第三，实现企业的成长目标。制造业咨询中心将帮助企业改善和发展业务：（1）达成新的供应链；（2）开发新思路；（3）改进企业工艺流程；（4）确定企业未来产能；（5）加入一个高成长型企业的精英群体。

4. 服务内容

制造业咨询中心提供的服务内容主要有以下几方面：

（1）技术支持服务。制造业咨询中心的专家可以通过热线电话或电子邮件为企业解答与技术相关的一系列问题；

（2）生产审查服务。制造业咨询中心顾问执行实际评估业务，进行生产审查并对对审查中发现的问题制定解决方案；

（3）咨询支持服务。制造业咨询中心顾问提供专业化的改进支持意见，并对中小企业提供从 300～3000 英镑不等的资金支持。制造业咨询中心提供的咨询支持服务重点放在四个关键领域：

1）生产工艺改进。通过引入精益制造方法、价值流映射、六西格玛、资源效率全面质量改进以及团队建设模型等来促进企业生产工艺的改进。

2）业务规划。制造业咨询中心战略支持涵盖业务的各个方面，诸如销售增长、营销策略、毛利率、日常管理费用分析、发展低碳市场策略、开发电子商务战略和实现质量标准等。

3）开发新思路。支持开发新的想法，包括制造业的各方面，诸如产品理念的产生、知识产权审查、制造和装配的自动化和设计等。

4）供应链发展。制造业咨询中心对供应链发展的支持包括审查现有的供应链战略、参与优化当前供应链和帮助参与新的供应链等。

五、德国质量技术基础协同服务模式研究

德国质量技术基础协同服务模式是以弗劳恩霍夫协会为中心枢纽，为德国工业（尤其是中小型企业）进行合约性研究，把来自大学和非大学研究机构的基础性研究转变为商业产品和工业生产流程。

1. 政策支持

1948 年，巴伐利亚经济部会议提出了建立应用研究组织，组织的任务是了解不同领域的研究课题，调节大学研究和工业的关系，监督并管理研究资金。1949 年，在经济部主持的会议上召集了超过 200 名的巴伐利亚科学家、经济学家和政治领袖，于 3 月 26 日正式启动弗劳恩霍夫协会。最初，弗劳恩霍夫协会的主要功能是管理负责筹集来自政府组织、捐助者和协会成员为了对工业相关研究项目捐助的资金。1951 年，弗劳恩霍夫协会依据欧洲复兴计划成功向德国申请了马歇尔计划资金。1952 年，德国经济部

正式把弗劳恩霍夫协会当作“在德国研究基础设施上的第三支柱”。1954 年，巴伐利亚联邦州政府开始为弗劳恩霍夫协会直接提供少量资金支持。1956 年，弗劳恩霍夫协会开始收到来自国防部的合约性研究资金，用于国防相关研究与开发业务。自此，国防研究工作在弗劳恩霍夫协会的发展中起了至关重要的作用，它既能为协会带来收入，也能对协会发展研究基础设施和资源带来帮助。1965 年，德国科学委员会建议推进非学术研究组织扩张，将弗劳恩霍夫协会当作是应用研究的联盟组织。1967 年，科学委员会在研究弗劳恩霍夫协会后认为协会通过推动公众需求应用研究对确保联邦德国的技术发展具有重大意义。弗劳恩霍夫协会在其收到联邦机构基金之后开始快速成长。弗劳恩霍夫研究院的数量在 1965—1975 年间实现了翻倍。20 世纪 90 年代初，弗劳恩霍夫协会开始开创在国外的业务，建立海外研究院。1994 年，美国弗劳恩霍夫协会股份有限公司在美国罗德岛州成立以管理美国研究中心的网络，现在已经发展成为六个中心。

2. 资金支持

弗劳恩霍夫协会运营经费由三部分组成，其中三分之一由联邦和联邦州政府提供，三分之一来源于工业合同，还有三分之一来自公共的科研合同。就长期而言，三个相互分隔的资金来源使弗劳恩霍夫协会的资金非常的稳定。此外，弗劳恩霍夫协会资金来源也有一部分是来自于捐赠，如慈善事业的捐赠。

弗劳恩霍夫协会模式的基础或核心资金是由联邦和联邦州政府以拨款的形式提供，在国家层次上大量而可持续的核心公共资金投资保证了弗劳恩霍夫协会的正常运营。

弗劳恩霍夫所进行的合约性研究，政府的开支占总开支的45％以上，而企业占总开支的39％。另外，工业资金很大一部分是由政府拨款和由公司向弗劳恩霍夫协会支付合约性研究费用所构成。以弗劳恩霍夫协会2010年的收入来源为例，总收入为17.27亿欧元，其中联邦和州政府出资10.80亿欧元，占总收入的62.5％。私人行业资助约占弗劳恩霍夫协会总收入的26.3％。

弗劳恩霍夫研究院通过与德国国内外的公司签订研究服务合同也是其收入来源之一。合作的标准形式是在公司和弗劳恩霍夫研究院之间为实现共同的技术目标而达成的一次性双边合同。签订的合同限制了研究活动和知识产权的所有权。这些项目经常会涉及多个弗劳恩霍夫研究院。弗劳恩霍夫协会以进行项目的成本为依据给出这些合同的价格，并加价15％。单个研究院收费的价格依据工作时长，并且每个研究院的收费价格不一样，一般都是基于各组织的成本结构来收费，包括基础设施成本。

3. 组织运营

弗劳恩霍夫协会由60个研究院组成，拥有超过20000名雇员，其年度预算大约是18亿欧元。每一个弗劳恩霍夫研究院都和一个德国研究型大学联系在一起，而且弗劳恩霍夫研究院的主管通常是大学员工中的一员。

弗劳恩霍夫协会在德国的研究院由慕尼黑总部管理。最高管理为执行委员会，包括1名理事长和3名资深的副理事长，理事长任执行委员会主席并提供行政指导。执行委员会管理机构的商业活动，制定科学和研究战略，并与政府组织进行协商以筹集资金。执行委员会负责任命单个弗劳恩霍夫研究院的主管。

每个弗劳恩霍夫研究院由主管和指导委员会来管理。弗劳恩霍夫研究院通常都和一个在科学上有研究能力的德国大学联系在一起，这些大学可以对研究院关注的领域进行研究。单个弗劳恩霍夫研究院享有高度的自主权，并且可以自由选择研究领域和主题、项目以及项目结果的处理方式。单个研究院可以自由决定他们内部的组织结构，建立隔离的利润中心分配基础资金，并为他们预算的平衡负责。如果一个研究院在给定年份内遭受经营损失，那么差额就由总部给予的资金来补偿。在连续好几年内都亏损的研究院就要面临被关闭的风险。咨询委员会向每个研究院提供建议，这个委员会由来自工业、科学界还有公共部门的代表组成。每个研究院必须每五年就要审查他自己的战略计划，每隔五年就要受到外部审计。

弗劳恩霍夫协会的核心任务是使中小型企业早日使用科学和技术上的创新。中小型企业通常很少或者没有内部研究能力，它们必须依赖外部的资源以获得这样的支持。弗劳恩霍夫研究院接受合约性研究，并为中小型企业不能解决的问题提供技术上的解决方案。弗劳恩霍夫协会为不同规模的公司提供合约性研究比例如表 3－5 所示。雇员数少于 250 人的中小企业开发合同占比最高为 32.5％。

表 3-5 不同规模公司所占开发合同比例

雇员数/人	开发合同占比/%
1～250	32.5
251～500	6.1
501～1000	4.4
1001～10000	18.0
10001～100000	24.4
1000000 以上	14.6

六、日本质量技术基础协同服务模式研究

日本的质量技术基础协同服务通过公共设施测试中心来开展。公共设施测试中心在经济产业省的指导下经营，属于县级技术协助中心，由地方县管理，为日本中小型企业提供一系列质量技术基础服务，包括检验检测、分析和仪器设施，工业技术指导，技术援助和技术培训，开放实验室和试验台等。公共设施测试中心作为连接中小企业和公共检测设施的桥梁，在支持中小企业工艺技术改进、质量提升和精益生产方面起到了重大的作用。

1. 机构概况

日本公共设施测试中心成立于 1902 年，是仿照美国的农业推广和工程试验站来建立，旨在为日本中小企业制造商提供支持服务。中心最早由大学研究所建立，第二次世界大战以后，地方政府相继建立。中心在经济产业省的指导下运营，但是由地方县所

管理，日本的47个县中每一个都至少有一个中心。

日本目前拥有200多家公共设施测试中心，中心雇员6900名，其中有5300名工程师。中心作为中小企业的桥梁，在检验检测等质量技术基础方面都特别有效。

2. 资金支持

在日本，公共设施测试中心的资金几乎全部来自省级政府。日本努力通过其公共设施测试中心为中小企业制造商提供免费或低价服务。

以2009财政年度资金支持为例，日本的公共设施测试中心总计获得了16.7亿美元的资金，几乎全部由当地的地方政府提供，没有联邦政府提供的任何经营预算。

日本地方政府为公共设施测试中心提供的预算鼓励了日本各地区之间的竞争，各地区通过帮助本地企业成长，最终实现各地区的经济增长。

3. 服务方式

公共设施测试中心提供的服务主要有以下几方面：

（1）中心为中小企业提供产品试验和检测方面的相关服务，对产品进行分析来验证产品是否符合标准，同时提供校正测量仪器和设备方面的相关服务，帮助企业提高产品质量和精度。中心一年为中小企业提供的检验检测服务超过90万次。

（2）中心对中小企业克服技术困难和应用新技术上予以技术指导。每个中心向中小公司提供咨询帮助，对于简单问题可通过电话和网络进行解决，而对于复杂问题中心人员会去公司进行实地调查最终给出相应的解决办法。中心一年为中小企业提供的技术咨询服务约 46 万次。

（3）中心与中小型企业开展员工合作，帮助他们研究和开发新的技术和产品。中心的工作人员花费高达一半的时间从事研究工作，专注于应用项目研究并经常与当地制造业企业保持直接联系。中小企业制造商通常派遣一名或两名员工到中心从事相关项目工作，一方面为员工提供锻炼培训机会，另一方面将信息和技术转移回他们的公司。

七、相关启示

从以上美国、印度、加拿大、英国、德国、日本等国质量技术基础协同服务状况可以看出，虽然各国质量体制机制不尽相同，但在促进企业技术创新、提高产品竞争力、促进本国经济社会发展等方面，都发挥了极其重要的作用。主要包括以下四个方面：

（一）将质量技术基础协同服务提升到国家战略层面高度

发达国家将 NQI 协同服务纳入国家战略体系，从国家层面对 NQI“软件”设施和“硬件”设施等各要素的融合和协同发展提供强有力的政策保障，使协同服务得以有效的开展，提高了企业在全球市场竞争中的竞争优势。印度政府为保障国家制造业竞争计划的顺利实施，制定了一系列政策措施，包括颁布“中小微企业发展法案”、成立专项小组等，从国家立法层面对中小微企业所面临和关心的问题提出详细建议，缓解了自由贸易和关税税率调整对中小微企业带来的竞争压力，促进了印度制造业竞争力得到整体提升。英国设立的为中小企业提供技术咨询和战略服务的制造业咨询中小具有政府支持背景，同时还与贸易协会、研究委员会和大学部门开展合作，并逐步发展为全国性制造业咨询集团，为全英国中小制造业企业提供服务。

（二）建立政府投入为主、技术服务收入为辅的资金保障制度

基于计量、标准、认证认可、检验检测等作为共性和基础研究的地位，为充分发挥其技术支撑和引领作用，世界各国非常重视对 NQI 协同服务的经费投入，通过国家法定投入等直接纳入政府预算，加强投入的有效性和可操作性。美国通过联邦政府相对稳定的专项资金投入，有效地推动了州政府、地方政府和私人部门等其他主体资金投入的积极性，为企业提供了持续的资金支持、质量技术基础援助和培训，带动企业提高市场竞争力。美国国家标准与技术研究院 2013 年度研究报告指出，在制造业拓展伙伴计划中，每 1 美元的联邦政府投入，能导致企业新增销售额 19 美元，带动企业新增投资额 21 美元；每 1978 美元的联邦政府投入，能创造或维持制造业领域的一个就业岗位。印度通过实施国家制造业竞争计划，对于企业在精益制造、信息与通信、质量认证与技术升级、质量管理标准与质量技术工具、信贷挂钩资本补贴等方面给予充分的资金支持，为印度中小微企业的发展乃至国家制

造业的提升带来了丰硕的成果。

（三）以中小微企业为主要服务对象

中小微企业是数量最大、最具创新活力的企业群体，在促进经济增长、推动创新、增加税收、吸纳就业、改善民生等方面具有不可替代的作用，国外主要经济体都非常重视对中小微企业开展质量技术基础服务。英国围绕精益制造为中小企业提供技术信息和 NQI 技术支持，通过提高生产力促进企业发展，从而提高企业竞争力。印度的中小微企业精益制造计划，通过应用精益制造技术，如 5S 系统、可视化控制、标准操作程序和全面性生成维护等，力争实现零缺陷制造。日本通过公共设施测试中心为中小企业提供一系列质量技术基础服务，包括检验检测、分析和仪器设施，工业技术指导，技术援助和技术培训，开放实验室和试验台等，在支持中小企业工艺技术改进、质量提升和精益生产方面起到了重大的作用。

（四）设有稳定的服务中心和专职专业的技术人员

各国开展 NQI 协同服务的成功经验表明，专门的服务中心和专业的技术人才是协同服务顺利开展的重要保障。专门的服务中心是向企业提供长期稳定技术支持的固定场所，专业的技术人员可以向企业提供全要素的信息咨询和技术服务。美国制造拓展中心在美国 50 个州设置近 600 个服务站，配备 1000 余名现场工作人员担任商业顾问和技术专家，为企业提供直接技术援助。印度设置国家监督和执行部作为质量技术基础服务的执行机构，并由

3～4 名具有跨行业经验但必须涵盖质量技术基础相关行业的顾问组成咨询委员会，为企业提供问题咨询、决策等。加拿大设有国家研究委员会，并配有 10～12 名技术支持顾问，分散在加拿大各地为各地区企业提供质量技术基础相关的服务。日本拥有 200 多家公共设施测试中心和 6900 名中心雇员，向企业提供咨询帮助和技术指导，一年为中小企业提供的技术咨询服务约 46 万次。

第四章　我国质量技术基础协同服务发展状况

一、我国质量技术基础各要素发展现状

经过多年发展，我国已建立了相对完整的质量技术基础管理体系，制定实施了一系列政策措施，有力推动了质量技术基础的长足发展，技术支持机构不断发展壮大，科技水平显著提升，在促进经济转型发展等方面的基础引领作用进一步凸显。

（一）计量发展现状

计量是贸易往来的纽带、公平交易的基础，是工业生产的“眼睛”、技术创新的“种子”和“引擎”，是国家核心竞争力的重要标志之一。经过多年的发展，我国已建立了包含计量标准体系、计量技术法规体系、计量技术机构体系及计量单位制体系等较为健全的计量技术体系。计量科技水平显著提高，基础性、前沿性和共性计量科研成果不断涌现，获得国际承认的国家校准测量能力跃升到全球第四位，国家产业计量测试服务体系、区域发展计量支撑体系、能源资源计量服务体系、计量监管体系更加健全，具有中国特色的计量发展与管理制度逐步形成并不断完善，“大计

量”工作格局初步构建。在计量机构方面，截至2016年年底，全国依法设置的计量检定机构2124个，依法授权建立的计量检定机构1809个，每年为各行业检定计量仪器和计量器具约5500万台件，其中，强制检定的标准计量器具约220万台，强制检定的工作计量器具约4200万台。在法治计量方面，通过测量管理体系认证的企业数量达3166家，依法设定计量检定机构的社会公用计量标准数量为59641个，依法授权的社会公用计量标准数量为17661个，依法授权其他单位开展专项检定工作计量标准数量为9229个，建立在部门、企事业单位的最高计量标准数量为40712个，量传溯源体系进一步完善，基本上满足了各行各业，各个领域对计量的需求。

（二）标准发展现状

标准是质量的重要基础，是经济和社会活动的技术依据。2015年出台的《国务院关于印发深化标准化工作改革方案的通知》（国发〔2015〕13号），拉开了标准化改革的帷幕，开启了标准化科学发展的新征程。几年来，通过采取整合精简强制性标准、优化完善推荐性标准、培育发展团体标准、提高标准国际化水平等一系列措施，标准化工作改革不断深化，成效显著。截至2017年年底，共有国家标准35081项，备案的行业标准58539项，备案的地方标准37377项，公布的团体标准2159项，覆盖了我国三次产业以及社会管理和公共服务事业的各个领域，已基本形成了支撑国家治理体系和治理能力现代化的具有中国特色的标准化体系。

在国家标准中，强制性标准 2118 项，占比 6.04%，推荐性标准 32597 项，占比 92.92%，指导性技术文件 366 项，占比 1.04%。在标准化机构及人员方面，我国共有全国专业标准化技术委员会 1292 个，包括 538 个 TC，743 个 SC 和 11 个 SWG。在国际标准化方面，我国承担 ISO/IEC 技术机构主席、副主席职务共 67 个，秘书处 85 个，我国主导制定并发布 ISO/IEC 国际标准 452 项。

（三）认证认可发展现状

作为国家质量技术基础之一的认证认可工作，通过在供需之间传递信任机制，推动实现质量提升。2017 年 9 月 6 日国务院常务会议专题部署质量认证工作，指出把质量认证作为推进供给侧结构性改革和“放管服”改革的重要举措，加强质量监管，营造公平竞争市场环境，促进中国制造提质升级、迈向中高端。随着国家推动认证认可工作力度不断加大，认证认可的能力和作用不断提升，我国已成为名副其实的认证认可大国。截至 2016 年年底，认证认可机构共 387 家，较上年同期增长 31.19%；企业类认证机构占全部认证认可机构总数的 93.28%，全国认证机构从业人员 84513 人。从营业收入和利税总额看，认证认可服务业全年实现营业收入 254.06 亿元、利税总额 46.70 亿元，分别较上年增长 15.33%和 29.39%。我国共颁发有效认证证书 1709315 张，其中自愿性认证证书 116 万张，占证书总量的 67.9%。从不同业务类型看，管理体系认证有效证书 751245 张，产品认证有效证书 956011 张，服务认证有效证书 2059 张。我国认证认可机构 2016

年实现营业收入 25406399 千元，增长 15.33%。另外，我国已加入 13 个认证认可多边互认体系，与 29 个国家和地区签署了 103 份双边合作协议类文件，我国代表成为发展中国家中首位当选的国际认可论坛主席。

（四）检验检测发展现状

检验检测机构是国家质量整体水平的实时“监测器”，建立健全检验检测体系有助于保障产业质量提高、促进产业发展、推动产业转型升级。截至 2016 年年底，我国检验检测机构数量为 33235 家，全年实现营业收入 2065.11 亿元，较 2015 年增长 14.73%。从业人员 102.5 万人，较上年增长 7.98 万人，增幅为 8.45%。全国检验检测机构 2016 年共出具检验检测报告 3.56 亿份，平均每天对社会出具各类报告 9.8 万份。在国务院统一部署下，检验检测机构改革与整合成效明显，市场化机制正在形成。目前，我国企业制的检验检测机构 21012 家，占机构总量的 63.22%；事业单位制 11479 家，占机构总量 34.54%；其他法人类型 744 家，占机构总量 2.24%。检验检测已成为“大众创业，万众创新”的重要平台，为国家“稳增长、调结构、促发展”的战略目标做出了积极的贡献，已成为中国发展前景最好、增长速度最快的服务行业之一。

二、我国质量技术基础协同服务发展现状调查

虽然构成 NQI 的计量、标准、认证认可、检验检测等要素的

建设取得了一定的成效，但构成 NQI 的各要素相对独立，在为各类科技园、孵化器、创客空间等提供支撑服务时，各要素之间缺乏有效的融合互动。为全面了解目前我国 NQI 协同服务现状，以及企业对协同服务的实际需求，更好地向广大企业提供计量、标准、认证认可和检验检测等服务，使协同服务更有针对性和可行性，我们选择部分区域对制造业企业开展需求状况进行调查分析。

（一）协同服务调查对象

企业作为质量技术基础协同服务的主要服务对象，是协同服务效果的直接体现。调查以简单随机抽样调查方法选择 600 家企业进行问卷调查，涵盖船舶、电子、纺织、机械、建材、能源装备、汽车、轻工、生物医药、石化、食品加工、仪器仪表等多个领域，其中私营企业占比 55.9%，股份企业 29.1%，三资企业 8.6%，国有企业 5.4%和集体企业 1%，参与调查的企业如图 4－1 所示。

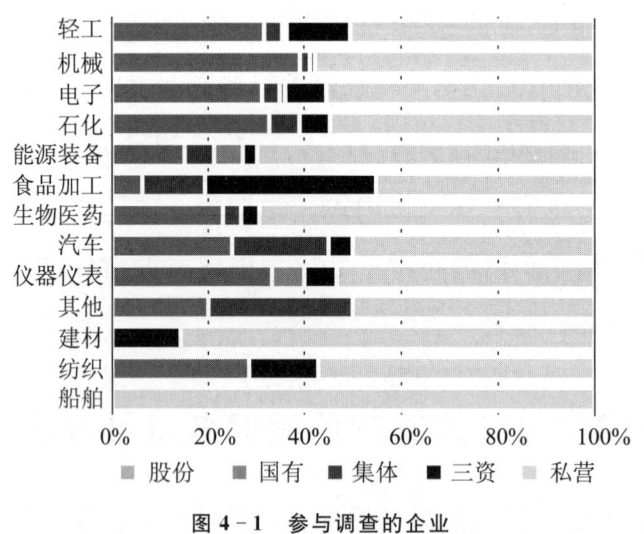

图 4－1　参与调查的企业

（二）协同服务调查指标

从实证研究角度出发，遵循科学性、代表性、可行性的原则，从计量服务、标准服务、合格评定服务、质量管理服务、质量技术基础协同服务5个维度开展企业质量技术基础协同服务需求调查，其调查指标见表4－1。

表4－1 质量技术基础协同服务指标分布

一级指标	二级指标
计量服务	基本测量体系情况
	企业计量服务需求
标准服务	标准体系建立情况
	企业标准服务需求
合格评定服务	认证认可服务需求情况
	检验检测服务需求情况
质量管理服务	质量管理服务需求
	质量培训参加情况
质量技术基础协同服务	质量技术基础协同服务模式需求
	质量技术基础协同服务内容需求
	质量技术基础协同服务现存问题

（三）协同服务需求现状

1. 计量服务需求

（1）企业计量测量体系基本状况

企业基本测量体系情况：对企业基本测量体系情况进行调查分析，如图4－2所示，已建立计量测量体系，具有完备技术能力的企业占52%，其中通过测量管理体系认证的为22%。多数企业只建立部分计量测量体系，不具有完备的计量测量技术能力，而17%的企业尚未建立该体系。对于尚未建立计量测量体系的企业中，如图4-3所示，企业规模为300人以下的企业占到了总数的68%，其中大部分为私营企业和股份制企业。

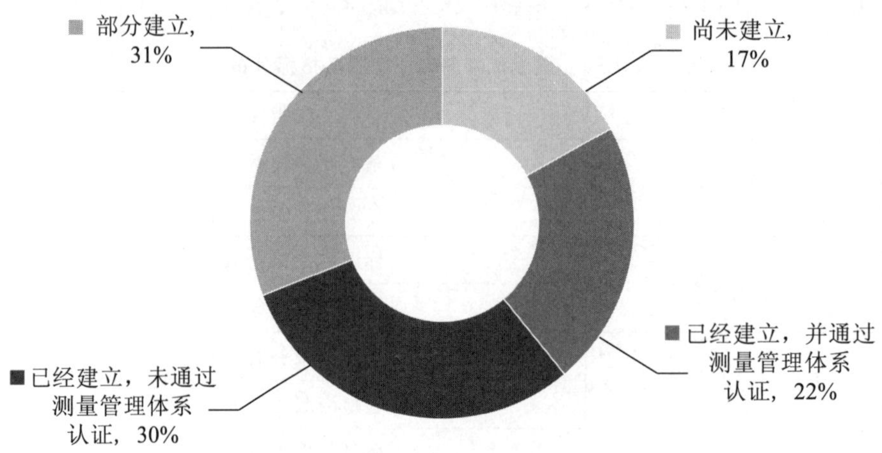

图4-2 计量测量体系建立情况

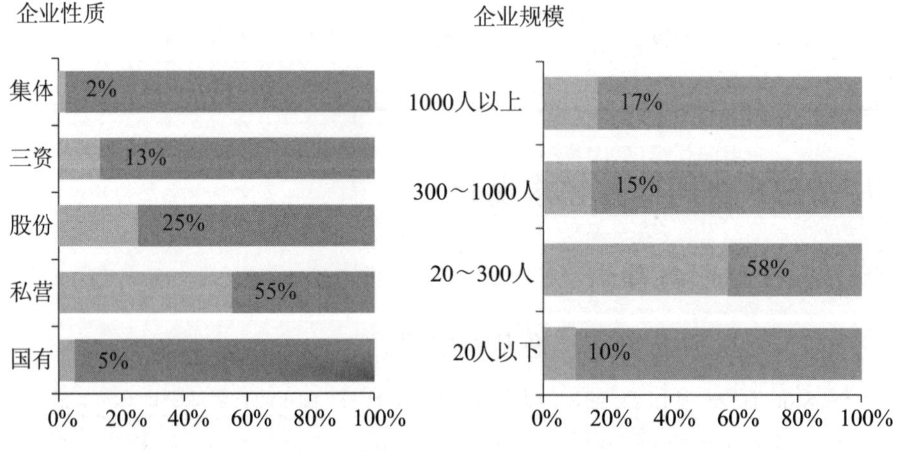

图4-3 不同企业规模/性质分布情况

企业计量器具检定情况：从企业计量器具检定时间上来看，被调查企业计量器具检定的整体情况为：按期定检企业占88.37%，偶尔滞后检定的企业占11.63%，见图4-4。

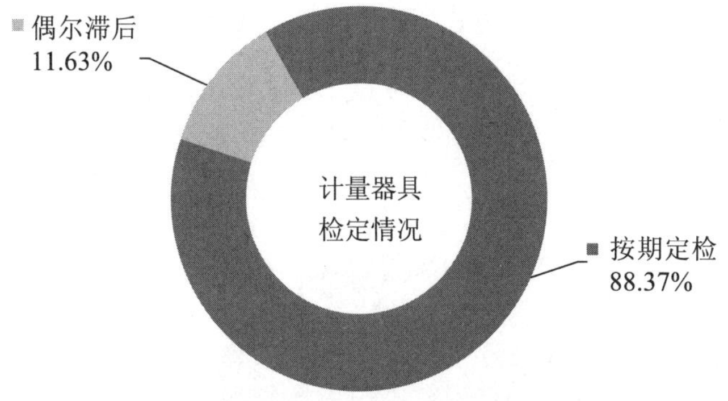

图4-4　企业计量器具检定情况

企业计量器具校准情况：从企业计量器具校准时间上来看，被调查企业计量器具校准的整体情况为：按期定检的企业为89.00%，偶尔滞后校准的企业占11.00%，见图4-5。

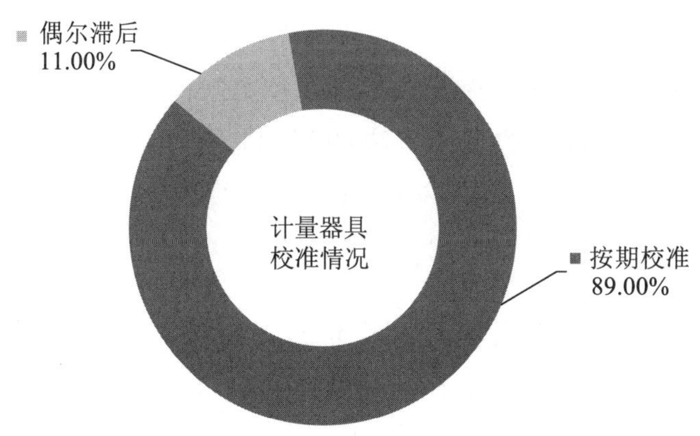

图4-5　企业计量器具校准情况

(2) 企业计量服务存在的问题

对企业计量服务中存在的问题进行调查发现，参与调查的企业中存在如下一种或多种难以解决的问题：快速、在线检测能力亟待提高，作为主要问题占48.48%；其次是测量仪器缺乏统一的测试方法占到31.56%；测量仪器量值无法溯源的问题占19.96%，见图4-6。

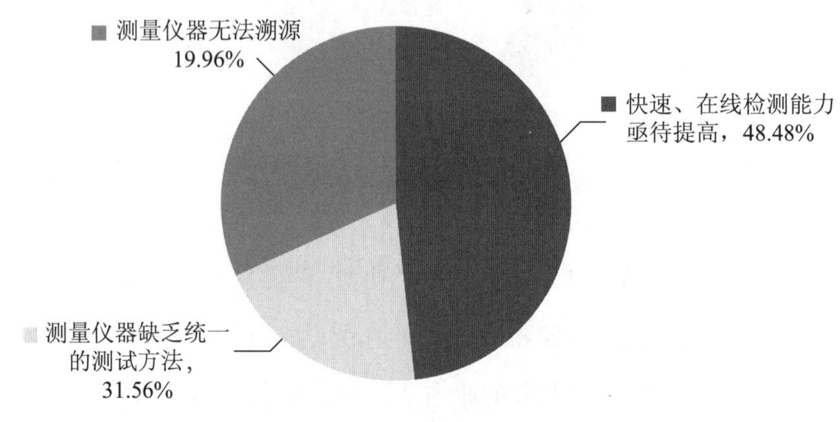

图4-6 计量存在的问题

(3) 企业计量服务需求

针对计量中现存的难以解决的问题，被调查企业希望从计量服务方式和计量技术支撑方面获得相关服务。

计量服务方式需求：在计量服务方式需求方面，依法检定作为最受重视的计量服务方式占比39%；其次为提供整体计量测试方案占38%；自愿校准占比23%，见图4-7。

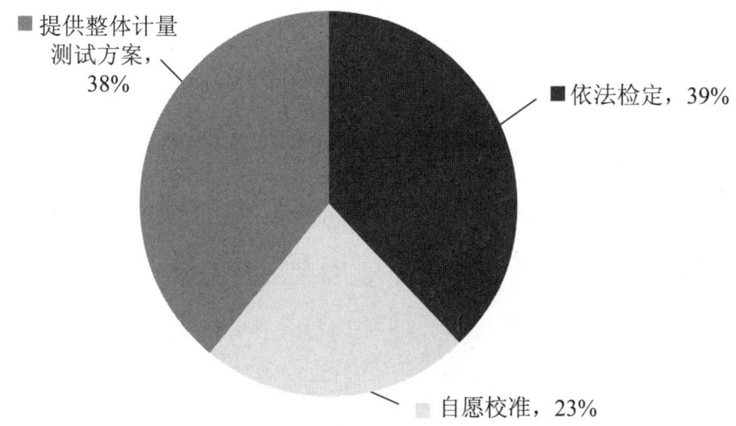

图 4-7 计量服务方式需求

计量技术支撑：调查结果显示，企业所需的计量技术支撑主要包括以下几个方面：35.75%的企业认为最重要的技术支撑为产品测试环节；其次为产品生产控制环节占比 32.48%；而在产品设计、研发环节所需要技术支撑的企业占比为 31.78%，见图 4-8。

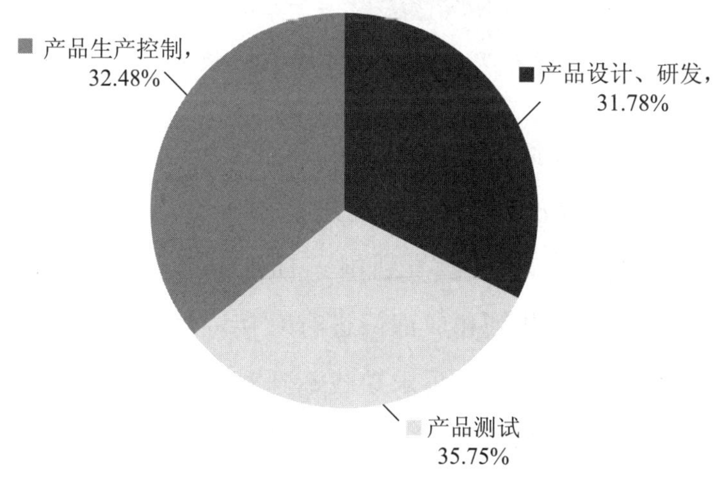

图 4-8 计量服务方式需求

2. 标准服务需求

（1）企业内部标准体系建立情况

从企业内部标准体系建立情况来看，已有87.63％的企业建立完备的企业内部标准体系，只有12.37％的企业尚未建立标准体系。未建立内部标准体系的企业中大部分为私营和股份制企业，见图4－9。

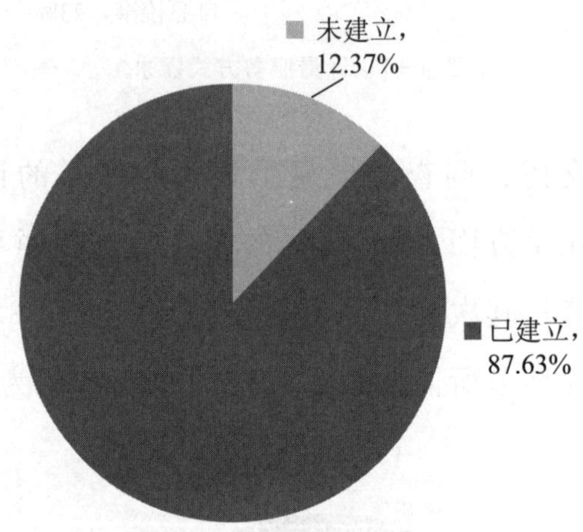

图4－9 企业内部标准体系建立情况

（2）企业参与标准制/修订情况

对企业参与标准制/修订情况进行调查分析，如图4－10所示，63.38％的企业希望参与到国家标准制/修订过程中，其中46.23％的企业能够找到相应部门进行对接，而17.15％的企业有参与到国家标准制/修订的诉求缺找不到对应部门进行对接，暂时没有需求的企业占到36.61％。其中，在对于参与标准制/修订的有需求的企业中，20～300人规模的企业需求占比最大达到了

51%，见图 4－11。

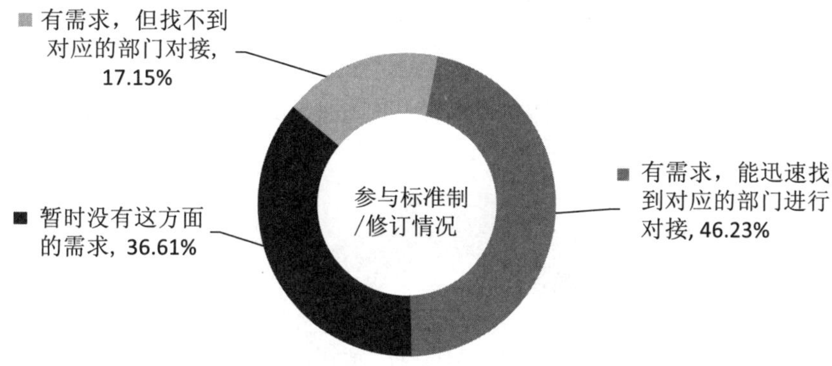

图 4－10　企业参与标准制/修订情况

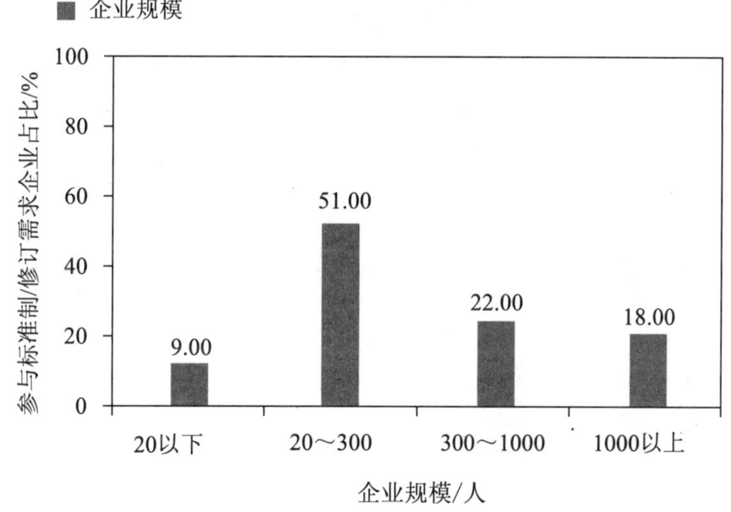

图 4－11　不同规模企业参与标准制/修订需求情况

3. 合格评定服务需求

(1) 企业认证认可服务需求满足情况

对于企业认证认可服务需求情况调查分析可知，大部分企业对当前的认证认可服务工作较为满意。如图 4－12 所示，认证认可服务需求得到满足的企业占比高达 94％，只有 6％的企业未能满足。认证认可需求中未得到满足的企业分别来自电子、机械、轻工、石化等领域，具体需求情况见图 4－13。

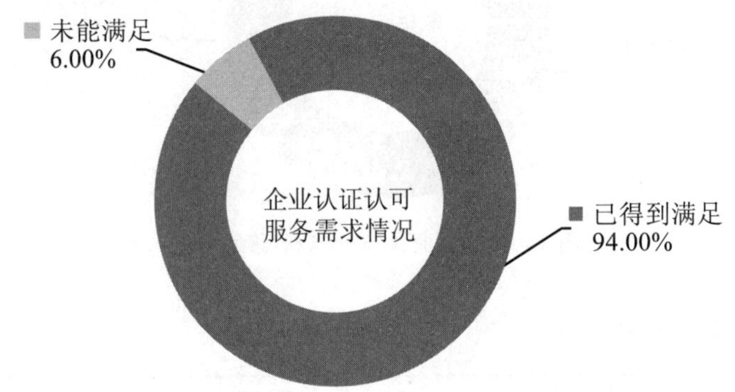

图 4－12　企业认证认可服务需求满足情况

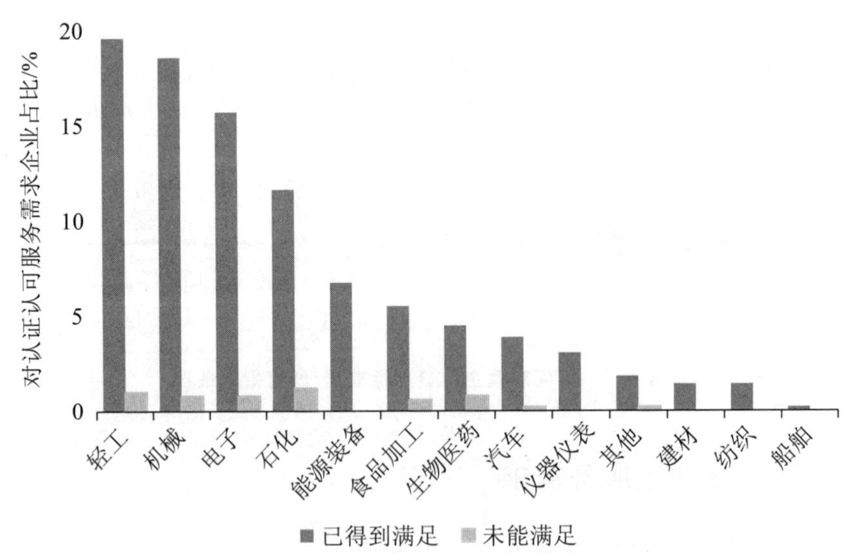

图 4－13　不同行业企业对认证认可服务需求情况

（2）企业检验检测服务需求满足情况

企业对当前的检验检测服务情况整体评价较为良好，如图 4-14 所示，检验检测服务需求得到满足的企业高达 93%，只有 7%的企业未能满足。检验检测服务需求中未得到满足的企业分别来自机械、能源装备、石化、轻工业等领域，具体需求情况见图 4-15。

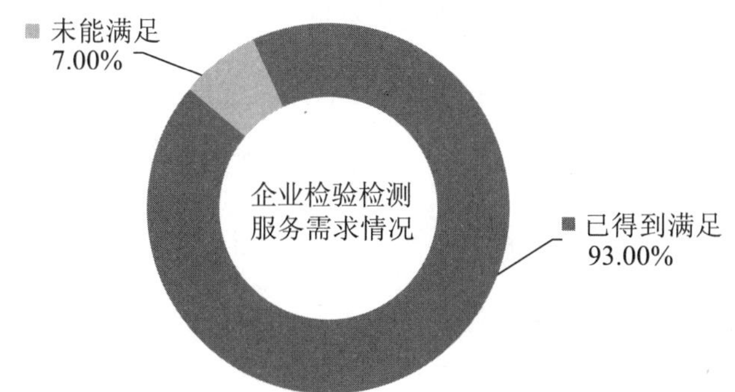

图 4-14 企业对检验检测服务需求情况

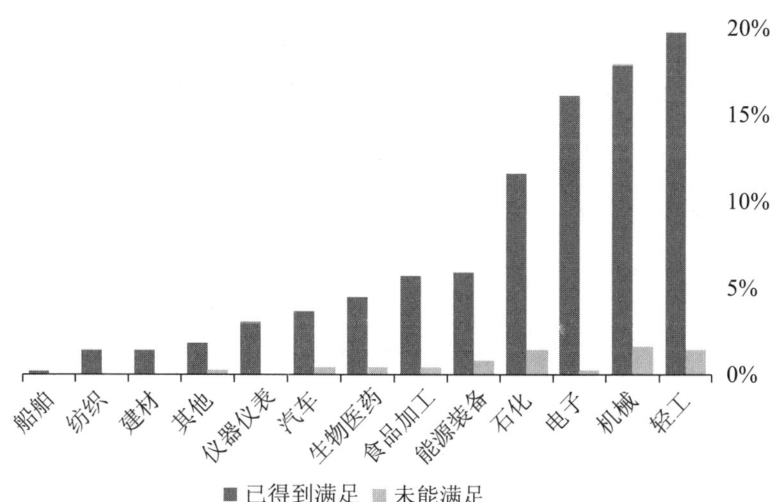

图 4-15 不同行业企业对检验检测服务需求情况

(3) 企业合格评定现存问题

通过对企业认证认可与检验检测服务需求的调查分析可知，企业在合格评定方面存在以下问题。在认证认可方面，未能得到满足的企业认为：认证项目杂乱；认证项目及内容市场匹配度不高；现有认证机构没有及时地提供足够的方案和服务应对行业标准变革；不清楚认证认可服务范围及内容。

在检验检测方面，未能得到满足的企业认为：快速、在线检测能力亟待提高；部分产品性能检测无法满足；石油行业特定产品国家暂时无检测机构；企业自身设备及人员缺乏。

4. 质量管理服务需求

(1) 企业自身质量问题

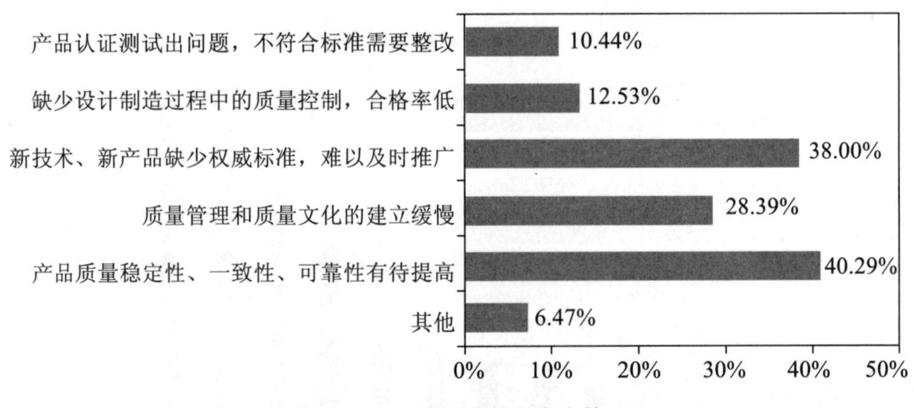

图 4－16　企业质量问题存在情况

据调查，如图 4－16 所示，目前存在的质量问题主要有如下几种情况：

1) 产品认证测试出问题，不符合标准需要整改。该问题被提出的次数占问题总数的 10.44％；

2）缺少设计制造过程中的质量控制，合格率低。该问题被提出的次数占问题总数的 12.53％；

3）新技术、新产品缺少权威标准，难以及时推广。该问题被提出的次数占问题总数的 38.00％；

4）质量管理和质量文化的建立缓慢。该问题被提出的次数占问题总数的 20.39％；

5）产品质量稳定性、一致性、可靠性有待提高。该问题作为主要出现的问题，被提出的次数占问题总数的 40.29％；

6）其他，占 6.47％。选择其他的企业指出，新技术新材料缺乏相应标准。

（2）质量培训参加情况

近两年，企业参加培训的对象包括研发人员、生产人员、质控人员、销售人员和管理人员。其中，质控人员最多，占比 32.70％；生产人员次之，占比 24.38％，见图 4－17。

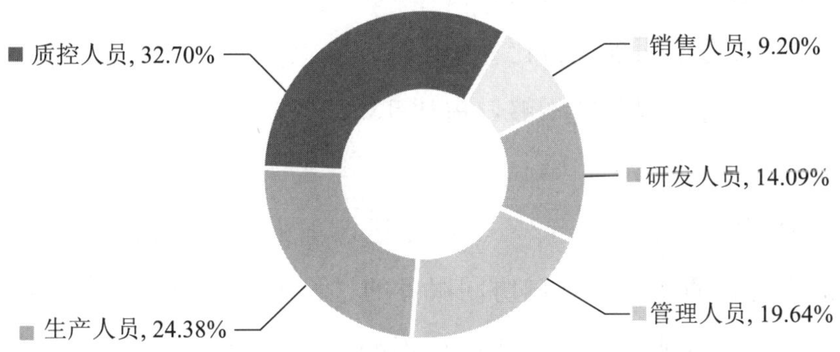

图 4－17　质量培训参加情况

5. 协同服务需求

(1) 质量技术基础协同服务存在问题

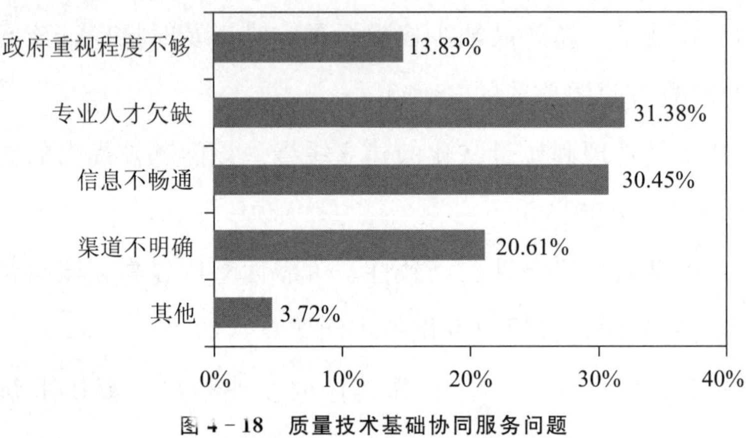

图 4－18 质量技术基础协同服务问题

如图 4－18 所示，在质量技术基础协同服务的过程中，企业提出协同服务中还有如下一些亟待解决的问题：

1）专业人才欠缺，占比 31.38％。专业人才欠缺是众多领域和不同性质企业所共同关注的问题；

2）信息不畅通，次之，占比 30.45％；

3）渠道不明确，占比 20.61％；

4）政府重视程度不够，占比 13.83％，在仪器仪表领域占比较高；

5）其他，占比 3.72％。企业建议加强人才交流，以及希望政府在提供质量技术基础协同服务的过程中费用公开透明。

因此，专业人才欠缺和信息不畅通是质量技术基础协同服务亟待解决的两大问题。

（2）质量技术基础服务机构

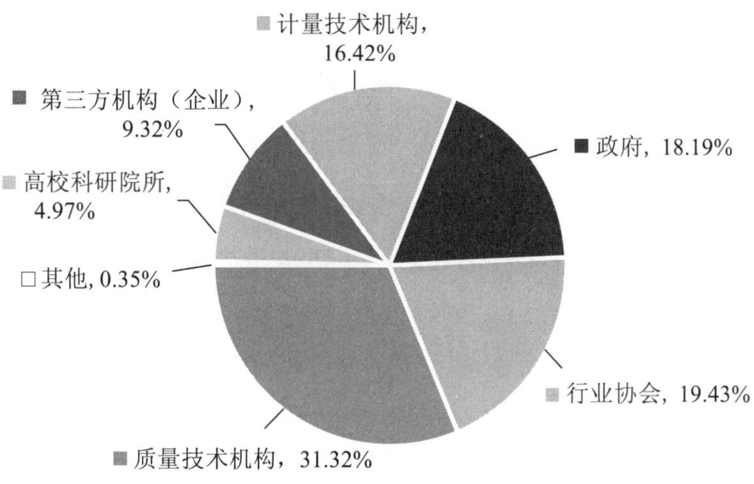

图 4－19　质量技术基础服务机构

我们对提供质量技术基础协同服务的机构种类比例分布进行了调查分析，如图 4－19 所示，结果显示质量技术机构对中小企业提供的协同服务比例最高为 31.32％，其次为行业协会占比 19.43％。

（3）质量技术基础服务需求

服务方面需求：如图 4－20 所示，企业最希望获得的是产品符合性认证和质量体系认证方面的服务，占比达到了 18.26％；其次为产品研发设计要达到的性能及质量验证达到 16.36％；先进管理方法导入、测量管理体系认证、满足客户（消费者）需求的质量（性能）评价、生产线的质量问题解决方案等也是企业希望能够获得的质量技术基础服务。

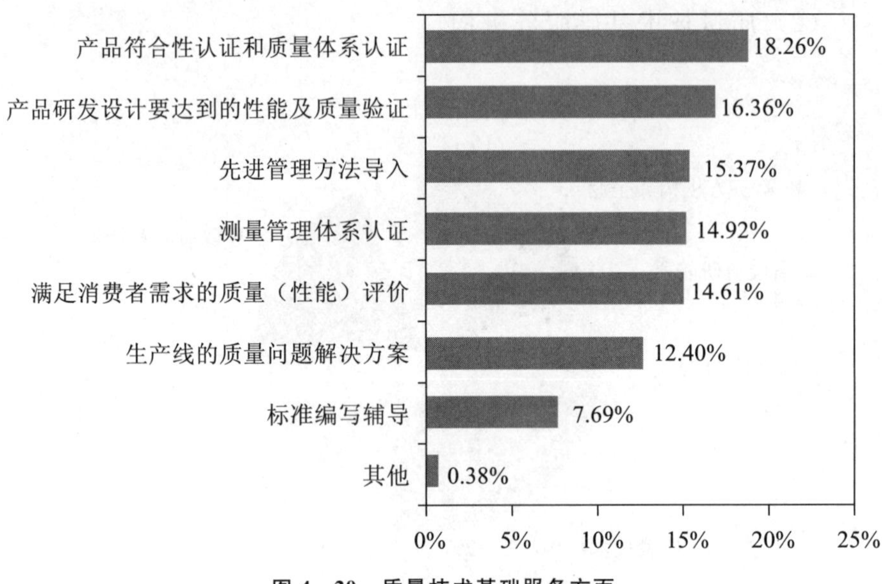

图 4－20　质量技术基础服务方面

服务内容需求：如图 4－21 所示，一是质量控制相关人员的培训，该项内容是企业最希望获得的质量技术基础服务，被多次提出，占比 32.03%；二是人员—设备—流程—服务的全套解决方案，是企业较希望获得的服务内容，占比 28.52%；三是质量控制所需要的测试能力建设，占比 17.19%；四是产品质量相关的过程测试和检测认证服务，占比 21.64%；其他，占比 0.65%。企业同时提出希望获得标准撰写团队的技术指导；希望能与计量、标准等相关部门共同建立新设备计量检定/校准的标准；希望与质量促进协会等部门常态化交流，更新国内、国际先进的质量管理方法等。

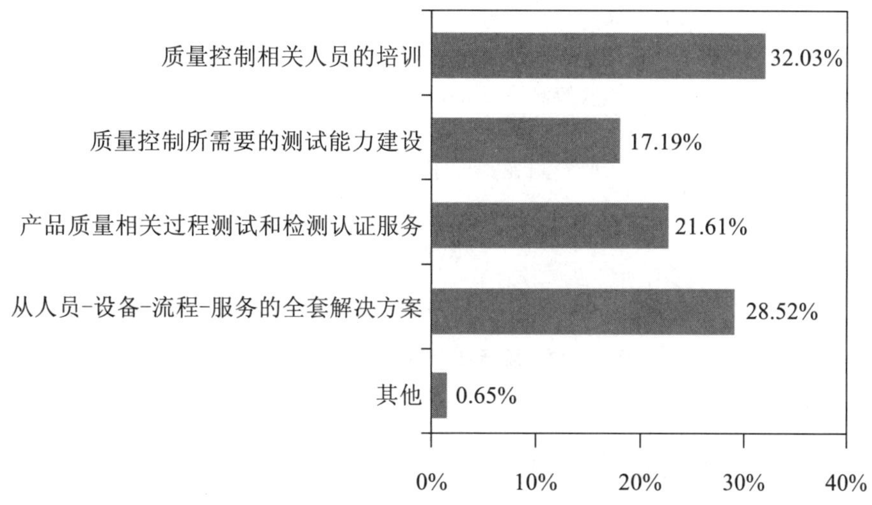

图 4－21　质量技术基础服务内容需求

服务模式需求：如图 4－22 所示，一是计量、标准、认证认可、检验检测等服务整合，企业与核心部门牵头，并建立长期战略合作关系，该模式是最受企业欢迎的质量技术基础服务模式，占比 46.53％；二是计量、标准、认证认可、检验检测等服务整合，企业根据自身需要提出阶段性服务需求，该模式占比 40.93％；三是计量、标准、认证认可、检验检测等多部门各自服务，企业发现需求再响应。该项服务模式需求较少，占比 11.97％。可以看出，约 87.5％的被调查企业希望获得质量技术基础协同服务支持，大多数企业对协同服务的需求比较迫切，“计量—标准—认证认可—检验检测”全链条的协同服务仍需加强。

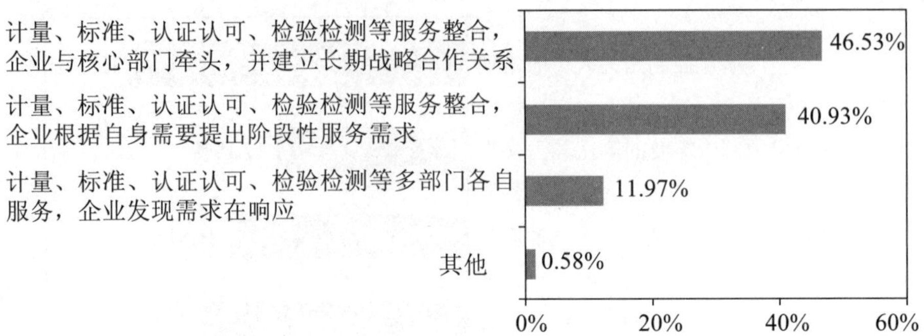

图 4-22　质量技术基础服务模式需求

（四）协同服务调查结果分析

通过调查分析企业对 NQI 协同服务的需求现状发现，企业对计量、标准、认证认可、检验检测和质量管理等服务方面的需求基本得到满足，但在协同服务的模式、内容等方面仍较为欠缺，需求较为迫切。在服务模式上，最受企业欢迎的模式是将标准、计量、认证、检验检测等服务进行整合，企业与核心部门牵头，建立长期的合作；在服务内容上，质量相关人员的培训、人员—设备—流程—服务的全流程解决方案是企业最希望能够获得的服务内容；在协同服务中亟需解决的两大问题是专业人才欠缺和信息不畅通。

由此可见，目前各地技术机构仍较为分散，资源整合力度不够，能够真正提供专业质量技术基础服务的专业人才严重匮乏，导致优质公共服务供给较为欠缺，全生命周期质量技术支持能力不足，“计量—标准—认证认可—检验检测”全链条的协同服务仍需加强。

第五章　我国质量技术基础协同服务模式研究

结合国外质量技术基础的发展及启示，以及国内质量技术基础协同服务的需求分析，在我国开展质量技术基础协同服务是非常必要而且迫切的。为探索我国质量技术基础协同服务模式，我们选取四个开展质量技术基础协同服务具有代表性的区域，就其开展质量技术基础协同服务的内容、方式、机制等进行梳理，大致归纳出以下几种质量技术基础协同服务模式。

一、模式一：品牌建设，整体协同，共享共赢

A 地以“品牌建设”为引领，通过政府、企业、社会组织、科研院所等多方成员深度协同合作，采取有效的协同机制和体制，大力实施品牌创新、质量创新和标准创新工程，加快品牌、产品、标准、服务的输出，推动标准、计量、认证认可、检验检测资源深度融合的新模式，构建了企业主体、政府引导、社会参与的多主体、多维度社会化质量共治体系，探索出了以“整体协同、动态开发、共享共赢”为特征的“品牌建设”质量技术基础协同服务。

（一）现状分析

A地位于中国东南沿海长江三角洲地区，是中国经济最活跃的省份之一。计量方面，拥有多家依法设置的计量检定机构和依法授权的计量检定机构；标准化方面，质量技术监督局是标准化行政主管部门，设有专门的标准化处和专职管理人员，各设区市均有标准化行政主管部门；检验检测机构基本覆盖当地主导产业领域；认证证书数目位居全国前列。同时，为推进质量技术基础发展，政府不断出台、实施相关政策文件加强顶层设计，提出建设“品牌大省”的指导思想、工作原则、总体目标和政策举措。将实施名牌产品标准化战略，建设重点检测机构，支持企业积极采用国际标准和国外先进标准，完善企业计量保证体系作为推进“品牌大省”建设的重点工作任务之一。

（二）基本特征

1. 整体协同

“整体”，是指“品牌建设”质量技术基础协同服务中标准、检验检测、计量、认证四个要素的运行不是各行其是，而是为了打造高品质品牌这一共同和最终目标，由第三方社会团体统一开展标准制订、品牌培育、检测认证、人才培养等工作，并形成统一的管理规定及制度。

“协同”，是指标准、检验检测、计量、认证四个质量技术基础要素的协同服务是以“品牌建设”先进标准为实施基础和源头，以“品牌建设”严苛认证为高品质品牌的输出终端，在标准制订环节充分考虑检验检测、计量及认证要素，使标准、检验检测、计量、认证四要素充分协同运作，以发挥技术支撑作用。

2. 动态开放

“动态”，是指“品牌建设”质量技术基础协同服务四要素以及服务机构是动态变化的。标准体系建设持续动态推进并不断修改完善，标准制订单位可以是检验检测机构、计量机构、认证机构或是高等院校等其他社会团体。检测方法不断完善，检测机构检测能力不断提升；产品认证可以由来自国内外的认证机构实施，根据认证机构实际情况，其认证项目是动态拓展的。

“开放”，是指“品牌建设”质量技术基础协同服务面向政府主管部门、高等院校、标准化机构、检测机构、国内外认证机构、研究机构、协会学会、企业和消费者等，形成宽松式、流动性的开放协同模式。

3. 共享共赢

“共享”，是指“品牌建设”质量技术基础协同服务利用大数据、“互联网＋”等现代信息技术，建立“消费＋”APP 平台、品牌建设网络平台等共享标准、认证、培育等信息，包括品牌培育信息发布、产品质量追溯等功能、逐步成为当地制造业大数据库。

“共赢”，是指“品牌建设”标准、检验检测、计量、认证通过有效深度的协同合作，从效益输出上实现“1＋1＞2”。通过四要素的协同合作，不仅制定一项标准、颁布一个证书，同时也提升了自身建设能力及水平，并且树立了一个标杆企业，打造了一个高端品牌，为产业输入技术人才、灌输创新理念，全面提升产业质量技术基础，促使其产业优质发展，推动经济转型升级。

（三）运行模式

依托较为完备的质量技术基础能力，该地“品牌建设”质量技术基础协同服务以标准和认证为实施手段，计量和检验检测为基础支撑，运用高标准来引领品牌高品质发展，对符合高标准、高质量要求的当地产品进行品牌认证。通过持续和整体培育，最终打造形成品质高端、技术自主、服务优质、信誉过硬、市场与社会公认的A地品牌，如图5-1所示。

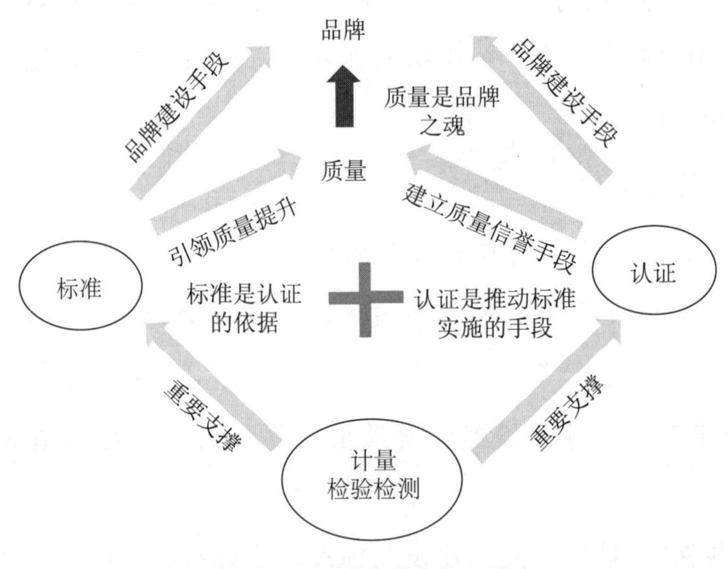

图5-1 A地协同服务运行模式

基于标准是“品牌建设”质量技术基础协同服务及提升质量

发展的重要手段，搭建了以“品牌建设”标准为主体的先进标准体系。“品牌建设”标准体系采用“通用标准＋产品标准”的模式，实现“好企业”“好产品”的统一。

通用标准为地方标准，规定品牌的定义、内涵及管理要求，体现政府打造品牌的定位和目标，对创品牌的企业提出“品质卓越、自主创新、产业协同、社会责任”的特性要求，提倡企业采用先进的管理模式和标准，提倡企业持续创新，掌握核心技术，提倡企业诚信经营履行社会责任，持续生产“国内一流、国际先进”产品，勾划“品牌建设”好企业的实质内涵。

产品标准为团体标准，以先进制造业、传统优势产业、历史经典产业和重要出口产业先进产品为基础，以“国内一流、国际先进”为定位，瞄准国内外先进技术水平，研制一批与国际接轨的综合性产品标准。它以全面提升产品品质为目标，定位于“精心设计、精良选材、精工制造、精诚服务”，运用产品“全生命周期”的理念，引领行业走向高品质。该产品标准除了基本的产品质量标准要求，还囊括了产品过程管控要求和产品质量承诺要求。

认证作为“品牌建设”质量技术基础协同服务及建立质量信任的重要手段，该地区的“品牌建设”认证形成了“企业自主采标＋第三方认证＋政府监管＋社会采信”的创新性产品和企业综合认证体系。支持企业自愿申报“品牌建设”认证。鼓励国内外高信誉认证机构开展“品牌建设”认证，加快推进国际互认。认证机构对其认证的“品牌建设”品牌实施有效的跟踪调查，强化认证市场监管特别是对“品牌建设”认证后的监管，确保“品牌建设”认证的权威性和有效性。

“品牌建设”质量技术基础协同服务，强化了标准、计量、检验检测、认证认可等四要素质检的融合，形成了标准引领、质量提升、品牌增效的循环模式，为质量技术基础协同服务提供了可复制、可推广的运行方案。

（四）工作机制

“品牌建设”质量技术基础协同服务的工作机制以企业为主体，通过政府引导、社会参与，形成多主体、多维度的社会化质量共治。政府对“品牌建设”质量技术基础协同服务给予方向性引导及相关扶持政策，将品牌建设纳入政府考核，通过媒体等宣传推广为“品牌建设”质量技术基础协同服务创建良好的发展环境。“品牌建设”质量技术基础协同服务建设，企业是主体，特别在质量管理、标准制定、品牌引领方面突出企业的主体作用。

在开展“品牌建设”质量技术基础协同服务伊始，A 地成立了非营利性的法人社会团体——“品牌建设”促进会，由其统一负责“品牌建设”标准立项、评审、批准发布以及宣贯实施工作。促进会作为政府与市场、社会之间的重要桥梁纽带，在“品牌建设”质量技术基础协同服务中，具有“传送带”和“上挂下联”的重要功能，统一负责“品牌建设”标准立项、评审、批准发布以及宣贯实施工作。

促进会采用“总分结合”的管理模式。“总”就是在促进会理事会领导下，秘书处总体把握品牌建设各环节的原则要求。“分”

就是各相关联单位按职责分配，在总体原则规范下，按制度和规定的流程展开实施。以全国省级标准化研究院等科研技术机构或行业协会担负起标准研制、宣贯、对标达标等职责；以国际认证联盟为主担负起认证制度制定及认证实施等职责；以行业协会、地方相关机构或部门以及骨干企业为主担负起品牌培育职责；以省信息中心为主担负起品牌宣传策划等职责。促进会主要担负日常技术性工作，不再设立具体专业部门，日常工作主要由秘书处协调各相关单位具体落实。

促进会通过品牌建设网络平台实现标准、检验检测、计量、认证信息共享，主要功能包括标准、认证、培育等核心工作网络申报管理；品牌培育信息发布、品牌宣传推广、产品质量追溯；数据采集与智能分析等。

（五）服务路径

在标准制定过程中，标准化研究机构、检验检测机构、认证认可机构、行业协会和企业均可根据发展需求向促进会提出“品牌建设”标准立项建议。由促进会组织立项评估，发布标准制定计划，确定牵头制定单位和主要起草企业。由牵头制定单位把关标准定位、质量和程序要求，企业负责起草标准内容，促进会组织专家对送审标准进行评审，通过评审的标准，由促进会统一编号和发布。

在认证实施过程中，由企业对照“品牌建设”的产品标准、认证实施规则、评价规范通用要求和管理要求，经过自我评价符合要求后向国际认证联盟成员机构提出书面申请，经认证联盟及促进会核审后受理。认证联盟根据“品牌建设”标准制定认证实施细则，通过现场审核及采纳有资质的检验检测机构的检测报告对企业实施认证。并向通过产品检验及现场审核的企业及产品颁发证书。

（六）适用类型

“品牌建设”模式是整体反映、综合体现当地企业和产品形象的区域公共品牌，它以标准和认证为抓手，打造形成集质量、技术、服务、信誉为一体，市场与社会公认的区域综合品牌。因此，“品牌建设”质量技术基础协同服务模式适用于具有一定产业优势的制造行业，同时，该行业需具有相应的检验检测机构、认证机构。

二、模式二：服务整合，集成互联，科技创新

B 地以食品产业作为突破口，了解食品产业质量技术基础领域已发布实施的各项方针政策，调研当地食品产业质量技术基础的现状和需求，分析食品产业质量技术基础协同服务中存在的问题，将标准、计量、检验检测、认证认可等服务整合，有效利用各自的资源和优势，全面开展食品产业质量技术基础协同服务，为公众提供无缝隙的服务过程，解决了质量技术基础服务碎片化的困境，研究形成了可复制、可推广的食品产业质量技术基础协同服务的模式和机制。

（一）现状分析

B地是中国四大一线城市之一，拥有计量质量检测研究院、标准技术研究院、检验检疫科学研究院等一大批质量专业技术机构，检测设备先进、专业种类齐全、技术力量雄厚，为当地各企业提供标准、计量、认证认可、检验检测、培训、咨询服务，是当地产业质量发展的技术支撑。食品工业检验检测服务方面，该地区的食品检测所是食品及相关产品质量安全认证检测机构，主要开展食品检测、食品材料检测、餐饮食品检测、环境检测、工业生物检测等检测服务。

该地拥有上百家食品企业，大部分企业的检验检测需求可在当地得到满足，但当地产业质量技术基础协同服务仍然存在服务企业产业转型升级的能力水平不高、NQI一体化服务能力薄弱、信息不畅通、渠道不明确、新技术、新产品缺少权威标准，难以及时推广等问题。

（二）运行模式

为解决食品产业质量技术基础服务多样化、个性化、信息化的需求，为企业提供无缝隙的协同服务，实行以下两种协同服务模式。

一方面，针对检测需求对接难、信息化管理水平低、数据分析工作不足的问题，利用大数据、“互联网＋”等现代信息技术，组建实验室信息管理系统协同服务平台。实验室信息管理系统可以实现检测业务全流程信息化、检测项目在线查询、检测业务全流程跟踪、检测数据自动采集、质量体系即时监控、检测数据分析评价、技术咨询和信息查询等服务功能。最终达到通过流程化信息管理，提高实验室检测业务运转效率；通过数据汇集与数据分析，提升检测需求对接能力；通过技术咨询与信息查询，创新检测业务服务模式的目的。

另一方面，加强科技创新平台建设，鼓励质量科研工作，提升质量技术基础研究能力和实践创新水平，推动创新成果产业化、国际化。研究以产品和食品安全热点问题为核心的检测方法、准入法规等，推动食品检测相关检测方法、检测标准的配套发展，实现资源整合和成果共享，打造大科研的体系格局，在食品工业发展中充分发挥质量技术基础支撑引领作用。

（三）工作机制

建设实验室信息管理系统协同服务平台的工作机制是以统筹各方、凝聚合力、服务企业为原则，综合发挥检验检测在质量技术基础服务中的作用，高效开展食品产业质量技术基础协同服务，全力构建具有国际水准的支撑保障体系。并通过不断总结经验和宣传推广，建成具有示范引领作用的质量技术基础服务示范工程，以提升国家和地方质量技术基础综合应用水平。

加强科技创新平台建设，提升质量技术基础研究能力和实践创新水平的工作机制是以支撑新兴产业和未来产业为方向，推动科技创新为目的，通过协同服务，结合企业和市场新需求，协同企业解决新技术、新产品研发和推广中遇到的瓶颈问题，支撑 B

地质量发展迈向更高水平。

（四）服务路径

1. 树立认证品牌

首先是抓质量、优服务，坚持以质量效益为中心，以优质的管理和技术服务能力为核心竞争力，在传统的体系认证、强制性产品认证、授权的自愿性认证领域内坚持规模化、品牌化和专业化的发展方向，着力深化服务内涵，提升品牌价值，延长产业链和价值链，通过提供增值服务，培育属于自己的核心竞争优势，树立国内一流、国际知名的检验认证品牌形象；其次是坚持创新驱动，创建属于自己的认证品牌。

在信息安全、物流、电子商务、战略性新兴产业等认证新领域加强科技和认证制度创新，积极发展技术，编制认证规则，以“人无我有人有我优”为目标，创建属于自己的认证品牌，与时俱进，开拓创新，不断做大、做强、做响、做亮。

2. 加大新兴领域探索

针对食品产业领域的检测需求，推进实施专业化战略。全力“做专、做精、做强”，抢占相关领域话语权，提升专业领域检验检测项目覆盖面，提升标准研制和标准信息服务能力，打通产业链上下游，建立专业领域的核心竞争优势。同时透过科研项目，不断捕捉市场热点、如可穿戴设备、物联网、智能机器人、无人机等新兴技术热点产品的研究。

3. 深化供应链核心企业的服务

深化对品牌制造商、供应链核心企业的服务。通过撬动“支点”发挥杠杆放大效应，占据产业服务制高点。实现机构服务对产业链上下游和供应链各环节的渗透，建设产业链和供应链的共同规则和语言体系，为企业及其供应链提供检测、认证、咨询、培训、市场准入一体化技术服务方案，提升当地企业产品的国内外竞争能力，促进中国企业国际竞争能力的提升。

（五）适用类型

实验室信息管理系统协同服务平台适用于食品检验检测服务的一站式需求，可实现食品生产企业的检测需求与实验室的检测能力进行有效对接，从而提升实验室整体业务运转效率。

科技创新平台适用于新技术、新产品、新标准、国内国际市场发展新方向等潜在的服务需求。

三、模式三：一个中心、四轮驱动、定向协同

C 地选取科技城作为典型示范区域，提出科技城质量技术基础协同服务模式，深入了解企业对计量、标准、认证认可、检验检测等质量技术基础协同服务的需求，为企业依法依标生产或服务提供标准化、计量检测、产品检测、认证认可、品牌建设、提升质量意识等服务，并将此模式在该地区范围内进行示范应用。

（一）现状分析

C 地是中国中部地区的中心城市，是全国重要的工业基地、

科教基地和综合交通枢纽。选取当地科技城作为示范区域，该科技城具有以下基本特征：一是以科技型中小微企业为主要服务对象，充分整合各类社会资源，为企业提供全链条、全要素的孵化服务，促进企业发展；并设有质监局服务站，具有鲜明的区域特色。二是园区借助质监局技术机构资源，为入驻企业提供计量、标准、认证认可、检验检测和品牌提升等协同全方位质量服务。三是科技城“质量服务站”在质监局指导下，开展了一系列品牌文化活动和质量月系列活动，传播先进质量知识以及管理工具，要求专家针对标准、计量、管理体系、检验检测为小微企业授课，入驻企业形成了重视质量、追求质量的良好意识。

（二）运行模式

C 地科技城以园区“质量服务站”为抓手，形成了质量技术基础 协同服务模式。由当地质监技术机构与园区签订服务协议，多方主体共同为企业提供产业质量技术基础一体化、协同服务。协同服务运行模式，可总结概括为“一个中心、四轮驱动、定向协同”，共同服务企业。如图 5 - 2 所示。

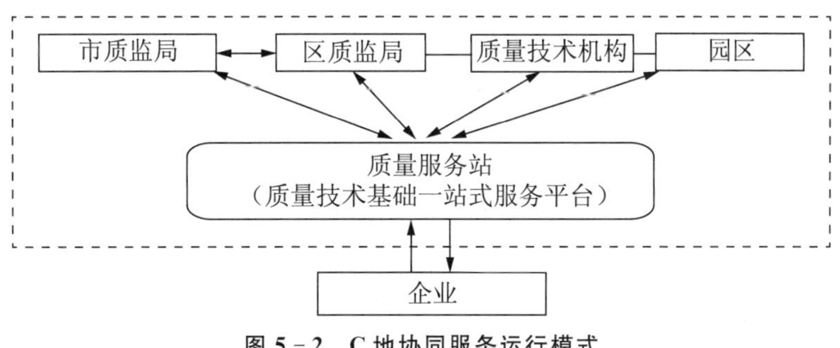

图 5 - 2　C 地协同服务运行模式

“一个中心”是质量服务站（质量技术基础协同服务平台），它是产业质量技术基础协同服务的载体，承担着质量技术需求信息的发布、收集、反馈等中央信息处理功能。质量服务站是在市区质监局指导下建立的，由一名总助带队，成立质量服务部，设质量服务专员岗位。市区质监局对质量服务专员进行培训指导以便更好为企业提供服务，质量服务专员为入驻企业建立质量档案。

“四轮驱动”是指市质监局、区质监局、质量技术机构、园区等四大质量服务站的协同服务主体。市质监局是指导质量服务站建设的方向驱动力；区质监局是协同服务的重要驱动力；技术机构是服务企业标准、计量、检验检测和认证认可等的技术驱动力；园区作为联系其他相关协同服务主体和企业的桥梁，承担着信息收集、传递和反馈的关键性任务，是协同服务的核心驱动力。

“定向协同”是信息传递的方式，质量服务站是质量技术基础协同服务的大脑中枢，它将企业信息和协同服务相关主体的信息进行双向传递，避免信息混乱和冗余。

（三）服务内容

协同服务主要为企业依法依标生产或服务提供标准化、计量检测、产品检测、认证认可、品牌建设、提升质量意识等服务内容。

标准化方面，主要为企业产品管理提供标准查新，标准登记和标准备案。具体包括协助企业依据生产经营状态提供标准有效性查新、标准研制奖励查新、标准立项查新服务；为企业在研发、生产、管理过程中执行国标、行标、地标联盟标准的提供标准登记相关服务；为制定企业标准的企业提供企标起草、产品检测、专家评审、备案相关服务。

计量检测方面，主要为企业的计量器具提供检测、校准、测试。具体包括协助企业依据计量器具检测频率，联系计量检测机构提供检测，按照计量机构的计量检测规程、校准规范和测试规范，分别出具检定合格证、检定结果通知书、校准证书、测试证书。

产品检测，主要为企业产品研发、生产、产品出厂各阶段提供检测。具体包括协助企业在研发、生产过程中提供产品检测服务，开具具有法律效应的产品合格证；附于产品或者产包装上的合格证书、合格标签或者合格印章。

认证认可，主要为企业产品、管理提供强制性认证和自愿性认证。具体包括协助企业在生产、经营、管理过程中，根据企业需求为企业提供办理强制性认证和自愿性认证提供服务，自愿性认证包括按 ISO 9001 质量管理体系导入、换版、到期换证等，强制性认证包括中国强制性认证，强制性产品认证，药品生产管理规范认证等。

品牌建设，主要帮助企业申报各级质量奖项、商标、名牌等。具体包括协助为在质量管理模式、管理方法、管理制度领域取得重大创新成就，和推进质量管理理论、方法和措施创新作出突出贡献的企业，申报各类质量奖，包括：区长质量奖、市长质量奖、长江质量奖、中国质量奖、C 市名牌、C 地名牌。

质量意识提升：主要帮助企业提高质量意识。具体包括组织企业开展质量活动、培训、参观优秀企业等，提高企业质量管理意识。

（四）工作机制

协同质量服务工作机制如图 5－3 所示。

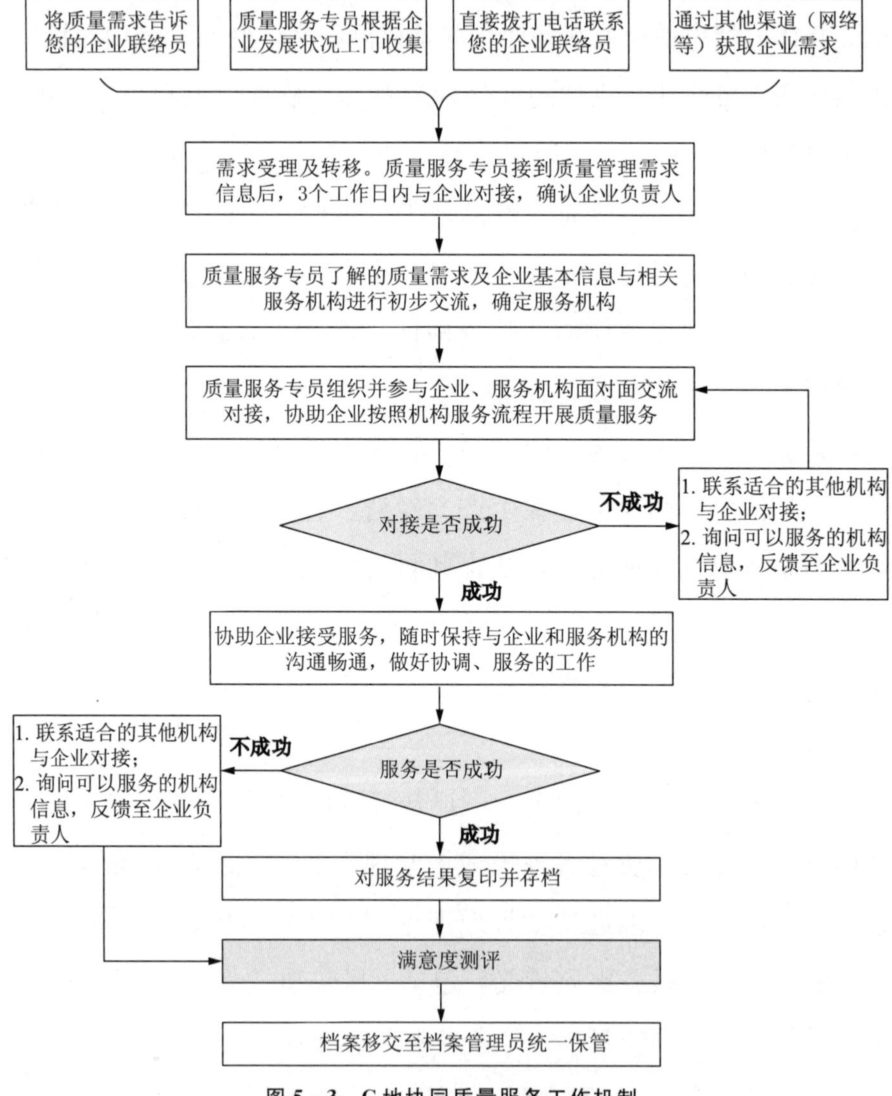

图 5－3　C 地协同质量服务工作机制

1. 服务需求统计

质量服务专员定期不定期走访企业，宣传质量服务部可提供服务内容，统计企业质量管理相关信息，并主动收集企业质量服务需求。

企业联络员在日常服务企业过程中收集企业质量管理需求。

企业可通过电话、网站、QQ、微信等渠道向质量服务专员和企业联络员反映质量需求。

2. 业务受理

企业联络员收集到企业质量管理需求后，在一个工作日内填写《质量服务记录表》，并向质量负责专员需求交接。质量服务专员在 2 个工作日内与企业对接。

3. 相关服务机构对接

质量服务专员根据企业需求在 5 个工作日内对接有资质的相关服务机构，根据企业服务需求与服务机构进行初步沟通（服务费、服务时间、服务周期），与企业约定上门服务时间，并依照服务机构流程开展质量管理服务。

合作机构无法开展业务时，质量服务专员咨询客服务机构信息，并于 5 日内将信息反馈至企业负责人。

4. 质量管理服务跟进

质量服务专员主动与企业、预付机构和企业负责人保持联系，跟进质量管理服务进度。

服务周期结束，质量服务专员在征求企业同意后，3 个工作日内将相关资料复印存档。

若服务周期结束并出现问题质量，服务专员向服务机构确认出现的原因，3个工作日内反馈至企业负责人，并根据企业需求提供服务。

5. 服务满意度测评

质量服务专员在服务完成后1个工作日内将服务档案、相关资料复印件移交至企业联络员，企业联络员在2个工作日内邀请企业负责人填写“产业质量技术基础服务满意度测评”。

（五）服务效果

在协同服务模式中，质量服务站充分发挥了以下三大作用。

一是“连接器”作用。过去，质监部门直接面对企业，存在企业需求反馈不及时、服务企业面不宽等问题。现在，通过设立质量服务站，充分发挥服务站靠近企业、与企业联系紧密的优势，及时反馈企业诉求，合理组织安排服务计划，架起了质监部门与企业和创新创业者之间的桥梁。

二是“放大器”作用。质监部门通过培训服务站工作人员，让其积极搜集企业质量服务需求，在此基础上制订针对性强的质量服务计划，开展“质量年”“标准化年”“质量月”等活动，组织质量培训，传播质量文化，普及质量知识，充分利用社会资源，将质监服务覆盖园区全部企业。

三是“中继器”作用。服务站成立之初，开展质量服务活动需要市局或区局指导和协助，中后期服务站质量专员能独立开展工作，年初制订全年质量工作方案，主动邀请专家开展质量服务，积极组织企业学习质量法律法规，大大减轻了质监部门的工作量和工作压力。

因此，在各类园区设立质量服务站，能够整合质量培训、质量咨询、质量检测等质监服务资源，打造便捷服务平台，充分发挥质监部门职能作用。

（六）适用类型

协同服务模式适用于：一是有“创业苗圃—孵化器—加速器”全孵化链条的园区；二是初创企业园区、孵化器、加速器企业类型单独或兼有的园区。园区以科技型中小微企业为主要服务对象，充分整合质量技术基础各要素，为企业提供全链条、全要素的质量技术基础协同服务。

四、模式四：集中采购，分散服务，质量共治

D地质量技术基础协同服务以质量技术监督局为主要推动力量，整合当地质量技术基础服务资源，协调本省乃至全国的优质质量技术基础服务资源，通过服务模式的创新，建立质量技术基础协同服务平台，解决了质量技术基础协同能力较差、“高精尖”类型质量技术基础服务距离远、小微企业谈判能力弱等问题，推动该地由“单极突破”向“质量共治”转变、推动产业间转型升级，提升了产业质量技术基础服务水平和服务效率。

（一）现状分析

D地是长江经济带重要组成部分和长三角城市群城市，近年来经济运行保持了总体平稳、稳中有进的发展态势，主要指标平稳增长，质量效益稳步提升，结构调整、转型升级取得积极进展，产业结构、区域结构、需求结构发生了积极变化。

但当地产业相关的计量、标准、认证认可、检验检测服务仍处于各自为政、自成体系的状态，条块分割明显，各相关质检机构的业务独立面向企业。同时由于资金、成本、收益等限制，当地质量技术基础服务能力仅以满足常规需求为主，企业高精尖需求需向外地优质机构寻求帮助，服务距离较远，周期较长，资金和时间成本较高。对于小微企业而言，其“高精尖”服务需求零散，规模较小，因此在获取服务时谈判能力弱，付出的资金成本和排队等候时间均要高出正常水平。

（二）运行模式

为解决在质量技术基础协同服务方面的问题，通过建立质量技术基础协同服务平台，一方面打通当地企业质量技术服务需求的表达渠道，提高企业的质量技术基础获取效率；另一方面汇集需求方需求，增强需求方谈判能力，实现“集中采购、分散服务”，降低企业的资金成本和时间成本。

质量技术基础协同服务平台概况如图5－4所示。平台包括三类用户：第一类，当地企业；第二类，一站式平台运营团队；第三类，当地计量、标准、认证认可、检测检验服务的承担机构。

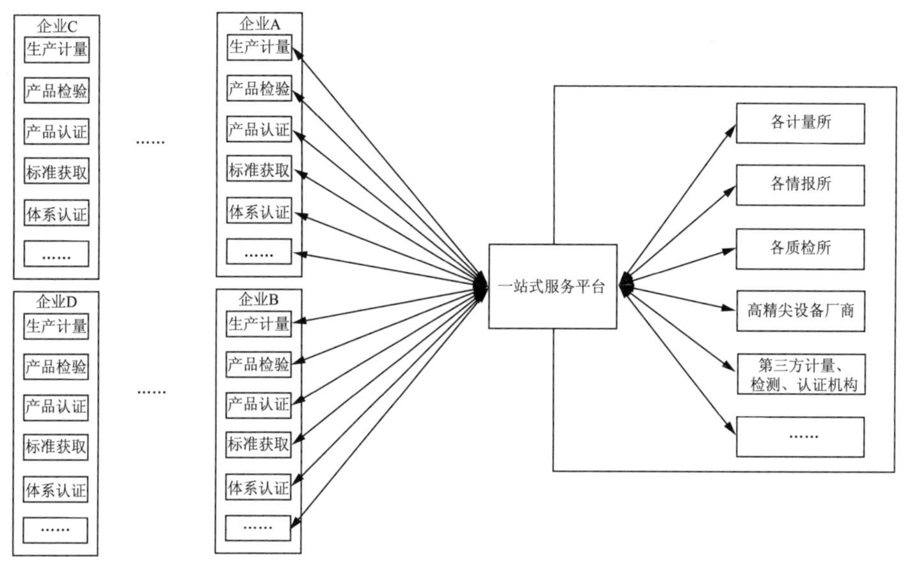

图 5－4　平台总体概况

企业用户通过电话或微信等沟通方式，直接向平台运营团队提交计量、标准、认证认可、检测检验等方面的需求，同时企业用户可通过电话或微信全程跟踪处理进度，掌握处理结果。

平台运营团队根据企业所提交的需求，按照“登记受理—审核分派—处理反馈—审核归档—回访”的流程，在规定的时间内处理、响应企业的需求，主要提供线上服务，如信息流转、统计归档等。

各质量技术基础服务的承担机构根据从平台收到的需求信息，及时与企业联系人进行联系，在规定时间内满足企业需求，主要提供线下实际的质量技术基础相关服务。

质量技术基础协同服务平台在纵向上将质量技术基础服务从线上和线下结合起来，在横向上将计量、标准、认证认可、检测检验通过一站式平台进行了“打包”处理，使得所提供的质量技术基础服务能够更科学、更高效、更便捷以及更易量化。

（三）工作机制

质量技术基础协同服务平台分两期进行建设，采用“先唱戏，再搭台”的策略。第一期以构建平台框架、完善业务流程、优化组织结构、建设管理制度、整合内部外部资源、开展平台宣传以及试运营为主，第二期根据对一期运行效果的分析，进行需求的整理和收集，进而建设信息化管理系统，把协同服务业务进行流程的线上化和数据收集的便利化。根据这一思路，结合当地质监系统现状，质量技术基础协同服务平台按照以下工作机制展开：

1. 构建团队

组建平台运营管理团队。以质检所为依托单位，从质检所现有的服务力量中形成4～5人的平台运营管理团队，一方面负责接收企业的质量技术基础服务需求，转交给对应机构进行办理；另一方面负责总结运营经验、优化现有流程，发掘更高效的服务模式。

组建业务专家小组。从市质监局、县市区市场监督管理局、计量所、标准所、质检所等机构召集对于企业质量技术基础业务运行具有丰富经验的人员，负责为平台运营团队处理某些突发情况提供远程咨询。

2. 确定信息流转方式

平台运营团队通过电话、微信公众号等进行对外的信息流转，面向企业收集其质量技术基础服务需求、联系方式、联系人等信息。

在一期试运行阶段，运营团队与质量技术基础服务承担机构以及承担机构之间通过电话及微信群传递需求信息。在二期平台信息管理系统建设后，除电话及微信渠道外，信息还可通过信息管理系统进行传递。

3. 确定平台运营流程

质量技术基础协同服务平台运营框架如图 5 - 5 所示。

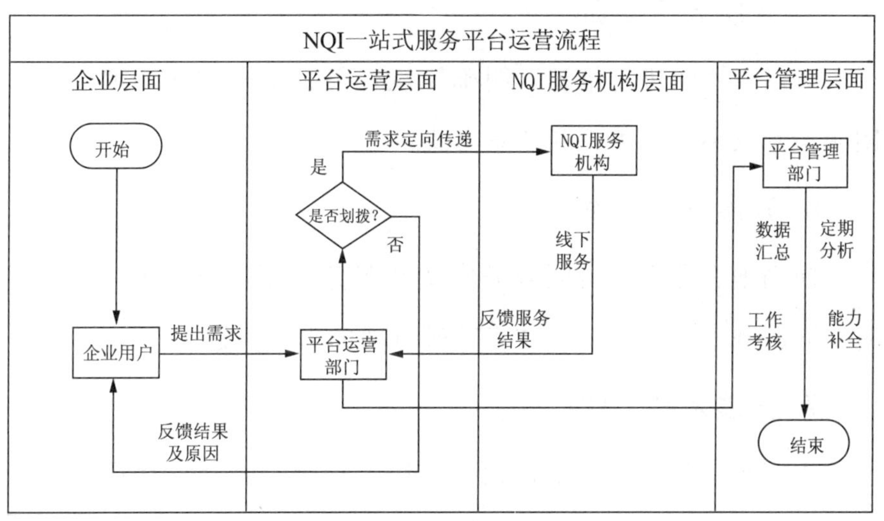

图 5 - 5 NQI 协同服务平台运营流程

整个流程分为企业、平台运营、质量技术基础服务机构、平台管理四个层面，分别承担了“需求提出者”“资源调度者”“能力贡献者”以及“体系管理者”的角色。运营团队收到需求后进行审核。审核未通过进行原因的反馈及归档，审核通过的将需求分派给对应的质量技术基础服务机构，质量技术基础服务机构进行线下服务，将服务结果反馈给运营团队，运营团队审核后进行归档，并定期对归档材料进行回访。

4. 确定具体业务的对应关系

将企业的计量、标准、认证认可、检测检验服务具体需求直接分拨给平台在计量、标准、认证认可、检测检验等方面的承担机构，由承担机构提供服务或者寻找第三方为企业解决需求。

5. 开展人员培训

对运营团队进行培训，明确团队任务、工作方法，理顺运营团队与专家小组的关系和联系方式。

6. 开展宣传工作

向当地企业宣传协同服务模式及服务范围，鼓励企业积极通过协同服务平台解决质量技术基础方面的需求问题。

7. 开展考核工作

以三个月为周期，平台领导小组定期对平台运营团队及质量技术基础的四大承担机构的工作状况进行考核，及时的替换不合格的平台运营团队和承担机构。

（四）适用类型

D地质量技术基础协同服务平台模式适用于质量技术基础服务能力较低、优质服务需向外地机构需求帮助的地区，该模式需要当地周边具有优质机构，并和其签订协议、建立合作，同意为当地企业提供优质、便利的服务。

五、相关启示

从四个典型区域开展质量技术基础协同服务试点应用来看，因各地的质量技术基础状况不同，质量技术基础服务理念不同，各地的质量技术基础服务模式都各具特色，但归纳起来有以下几个特点。

（一）缺乏NQI协同服务专项资金

从四个地区开展NQI协同服务的实践经验来看，国家和地区尚未制定和出台专门针对NQI协同服务的资金和财政支持，各地维持NQI协同服务开展的资金大多来自向企业提供NQI技术服务时所收取的费用，此种资金运转机制并不能作为长期而稳定的资金保障，对加强NQI政策法规研究制定、支持重大质量技术研发以及NQI公共服务平台建设等均会造成一定的制约，使得质量技术基础协同服务无法作为一项长期而稳定的工作进行推进。

（二）缺乏提供NQI协同服务的专门、稳定的技术机构

四种实践模式中，开展NQI协同服务的机构还是提供计量、标准、认证认可、检验检测等服务的独立技术部门，某些地区在开展协同服务时虽然有专门的牵头技术机构，其作用也仅限于收集企业对于NQI服务的需求，以及对其他技术机构的服务资源进

行优化调拨和分配，尚未针对协同服务对不同技术机构的权利义务、服务流程进行重新界定，仅靠某个技术机构单兵作战、“兼职”开展工作，远远不能满足 NQI 协同服务工作的开展，真正技术层面的协同服务效果仍不明显，协同服务所产生的合力作用未完全体现，企业并未完全享有全链条、全流程的 NQI 服务。

（三）缺乏专业的全链条式的技术服务人员和队伍

开展 NQI 协同服务必须要开展广泛、系统、深入的 NQI 基本知识和全流程解决方面等方面的培训，形成一支随时可以提供技术服务的专家人才队伍。在目前的服务模式中，各地区的探索都缺少专项的 NQI 协同服务专员，即使部分区域探索性地从相关业务机构中抽选部分工作人员从事此项工作，但仍缺乏全要素、全科医生式的专家和队伍，服务专员的技术能力尚不能完全满足企业对协同服务全方位的需求，严重制约了协同服务开展的有效性。

第六章　我国开展质量技术基础协同服务的具体要求及对策建议

通过调查分析我国 NQI 协同服务发展现状，以及国内开展 NQI 协同服务模式的探索研究发现，整合当地优势技术资源，为企业提供最便捷、最优质的 NQI 服务，以达到协同为企业解决各项技术需求问题，是在全国范围内探索建立一套具有代表性、可推广的 NQI 协同服务模式的关键。为推动我国 NQI 协同服务工作的顺利开展，结合国内外实践经验，我们提出在具体开展时需要达到的几个“统一”要求并给出一些对策建议。

一、NQI 协同服务的具体要求

（一）统一工作机构

由政府确定一个技术服务机构，或专门成立专门的第三方机构，统一受理企业质量技术服务需求。

（二）统一工作机制

建立统一的质量技术基础一站式服务工作机制，明确各承担机构的工作职责和任务分工，制定一站式服务工作计划、质量技术基础数据资源整合计划、服务质量评测机制等，明确未来工作发展方向。

（三）统一组织领导

成立地方部门领导任组长，部门分管领导任副组长的质量技术基础一站式服务组织领导机构，加大对一站式服务工作的统筹规划和组织协调。

（四）统一服务窗口

设有实体性服务大厅，将质量技术基础服务事项统一纳入服务大厅进行集中受理。配备稳定的窗口服务人员，明确服务人员的职责权限和责任义务。

（五）统一服务事项

围绕标准、计量、认证认可、检验检测、质量管理等技术服务要素，制定明晰的信息服务事项清单、技术服务事项清单、培训服务事项清单等。

（六）统一工作流程

明确质量技术基础一站式服务工作流程和要求，包括统一受理服务需求流程、工作任务派遣流程、对口机构服务流程、共同服务优化流程、服务时限控制流程和服务质量监督流程等。

（七）统一信息单位

充分利用信息网络技术，建有统一的数据信息单位，将标准、计量、认证、检验检测等质量技术基础数据资源整合，形成便于查询的、开放的质量技术基础信息服务数据库，强化政府、企业对数据的共享。

（八）统一人才队伍

建立质量技术基础一站式服务专家库，统一技术专家队伍。配备一定数量的专职技术专家，同时探索与高等学校、科研机构、企业、协会等进行合作，引进高层次、紧缺型技术人才作为聘用专家，针对企业核心需求，提供技术服务与信息咨询。

二、NQI 协同服务对策建议

（一）加强质量技术基础宏观研究，制定《国家质量技术基础发展计划》

质量技术基础已经提升到国家战略层面，质量技术基础协同服务将直接体现其实施效果。党中央和国务院强调经济发展以质量和效益为中心，部署加快建设质量强国，颁布实施的一系列国家战略规划都明确部署了质量发展、突出了质量技术基础建设，为今后推进质量技术基础协同服务指明了方向。各地区也把质量技术基础建设作为落实五大发展理念、提升发展质量和效益、推进供给侧结构性改革等国家战略部署的有力抓手，作为质量发展的一项重大任务，正在加紧部署落实。为配合施质量强国建设战略，当前应开展理论体系、内在关联、作用机理、融合发展等宏观质量技术基础研究工作，研究制定《国家质量技术基础 2035 发展规划》，为推动质量技术基础设施建设、融合发展提供技术保障。

（二）提供NQI协同服务专项资金投入

质量技术基础协同服务具有公益性、基础性和战略性特点，需要有坚实的质量技术基础资金作为保障，不可能完全由市场解决，政府应当承担引导责任。一方面，可以设立支持质量技术基础协同服务的重大专项，以中小企业对协同服务的需求为切入点，支持技术机构向企业提供计量、标准、认证认可、检验检测等全流程服务，以持续稳定的国家和地方财政投入将质量技术基础协同服务作为一项长期稳定的工作进行推动。另一方面，在不能设立专项资金的前提下，可以扩大现有专项资金的支持范围。我国在服务中小微企业方面，中央财政已设立了多个专项资金，如由国家发改委，工信部和财政部联合发起的中小企业发展专项资金，国务院批准设立的科技型中小企业技术创新基金，以及各级财政根据创业创新需求安排的各类支持小微企业和创业创新的资金等。但在支撑中小微企业提高产品质量水平，提升产业竞争力方面尚属空白，建议合理利用现有的扶持中小微企业资金项目，从质量提升的角度为中小微企业提供更多有效可行的服务。

（三）设立NQI协同服务专门机构

NQI协同服务的核心主体是为企业提供计量、标准、认证认可、检验检测等全流程服务的技术机构，为了向企业提供更专业、更规范的技术服务，需要政府设立专门的技术服务机构。美、英、日等发达国家的经验也表明，专门的技术服务机构是协同服务顺利开展的重要基础。在我国现有体制机制下，技术机构的选择可以有两种方式。一种是从现有负责计量、标准、认证认可、检验检测等相关服务的政府部门中选择一个牵头部门，作为NQI协同服务的技术机构，并在此技术机构中设置专门的服务中心，具体负责制定NQI协同服务工作机制和流程、明确各主体的工作职责和任务分工、NQI数据资源整合和技术服务平台建设等工作，为企业协同服务的开展进行统筹协调和提供技术支持。另一种是在区域范围内设立“专职”质量技术基础第三方服务机构，充分利用政府公共资源，并将其他检测机构、非营利性组织、研究机构、高等院校、企业集团等社会资源进行整合，通过公私合作的方式为当地中小企业提供广泛而高效的NQI协同服务，增强服务的灵活度，降低投入成本。

（四）组建NQI协同服务专业人才队伍

推动产业质量技术基础协同服务，关键在人才。质量技术基础涵盖标准、计量、认证认可、检验检测、质量管理等，专业技术性强、人才要求高。质量技术基础协同服务的前沿性和基础性要求我们要瞄准高、精、尖方向培养质量技术基础人才专家队伍，一方面将现有NQI相关机构中的业务人才进行转岗培训，专门负责为企业提供NQI协同服务技术支撑，另一方面探索与高等学校、职业学校、科研机构、企业、协会等进行合作，大力引进高层次、急需紧缺型专业技术人才和创新型人才，建立最广泛的专家队伍，针对企业核心需求，有针对性地提供标准、计量、检验检测、认证认可、质量管理等方面的咨询服务和技术方法的支持。

附件　质量技术基础协同服务案例

本部分通过对美国纽约州 Fuzehub 门户网站在质量技术基础协同服务方面作出的一些成绩进行研究分析，以期通过此案例更深入地了解美国质量技术基础协同服务模式，进而为开展我国质量技术基础协同服务研究提供相关参考。

美国纽约州长期以来都将振兴制造业视为该州经济发展的重中之重，在支持先进制造业发展和加速创新制造等方面都取得了显著进展。2013 年，纽约州推出 Fuzehub 门户网站，Fuzehub 网站由制造业拓展伙伴计划资助，旨在汇集纽约州现有质量技术基础相关信息、技术资源，面向中小微型企业提供专业信息、技术、设备设施等服务，同时帮助寻找当地供应商、安保工程、产品原型设计等服务以及帮助申请相关地区经济发展项目的援助。

一、合作单位

Fuzehub 平台与制造业拓展伙伴计划相关组织机构如纽约州制造拓展中心、卓越制造中心、先进技术中心、美国科技创新司和其他 10 个区域的制造拓展中心进行合作，从而获取大量的质量技术基础信息资源，使其在质量技术基础协同服务中具有“连接器”和“传送带”的重要功能，不仅能够将企业与纽约州区域内的质量技术专家和部门建立联系，而且通过互联网作用与纽约州范围外更多的可用资源建立联系起以期产生更大规模的效应。

二、服务模式

在与纽约地区制造拓展中心合作过程中，Fuzehub 网站通过收集企业实际需求，联合区域内优势技术资源，审查合格的专家和质量技术基础服务提供商，以网络服务和现场服务两种形式为企业提供质量技术基础相关服务。

（一）网络服务

Fuzehub 是一个由大量合作组织支持的集中门户网站，利用“互联网＋”的优势可以有效集成质量技术基础相关技术资源，搭建质量技术基础协同服务平台，该网站的数据中心为企业提供了一种快速而直接的服务获取方式以满足企业的即时需求。企业可以通过该网站提交其在计量、标准、检测检验、认证认可等方面的需求，网站在收集到企业相关诉求后可以快速匹配相关服务，帮助企业广泛地与不同地区的资源和专家建立联系，从而更好地为企业提供相关质量技术基础协同服务。

具体服务流程为：企业通过登录该网站提交他们的问题描述以及服务需求，网站在收到相关信息后由一个专业技术人员组成的核心团队在 48 小时内作出回应，与企业展开相关技术问题讨论。通过讨论确定企业所面临的具体服务需求，然后再寻求相关的专家和资源。网络服务平台可以帮助企业与许多技术专家建立联系，这些专家可以为企业提供相关质量技术基础方面的指导。

（二）现场服务

单纯的网络服务有时并不能完全解决企业相关服务需求，为了解决这个问题，同时对 Fuzehub 网络服务起到重要的补充作用，Fuzehub 以开展现场服务的模式来提供质量技术基础服务。现场服务不仅为建立和加强特定区域内制造业企业的合作联系提供了一个场所，还为促进 Fuzehub 网络服务平台的发展创造了一个场所，进而提高它与区域内外的服务提供商和潜在供应商建立联系的能力。

具体服务流程为：Fuzehub 收集企业质量技术基础服务需求，同时对质量技术基础服务供应商资格进行提前审查，然后联系相关质量技术基础服务专家，以开展论坛的形式，使企业与他们所在地区的技术专家和潜在供应商进行会面，通过面对面的交流探讨来为企业提供质量技术基础服务。

三、服务效果

通过许多合作伙伴的多方努力，Fuzehub 服务平台向纽约州内 400 多家公司提供了帮助。Fuzehub 模式的有效性也得到了证明，在与制造拓展中心合作的同时也促进了双方服务能效的提升。以下将选取两个通过 Fuzehub 服务平台得到质量技术基础相关服务的公司进行举例说明。

（一）提高检验检测效率

Hydrolutions 是一个长期从事地面基础设施建设的公司，主要负责开发和安装生态污水处理系统，其设备检验以及环境检测一直得不到有效解决。在 2013 年举办的长岛科技方案解决论坛上，该公司了解到“Fuzehub 服务平台”，通过 Fuzehub 网站，该公司在区域内、外都找到了相关的服务需求解决方式。在区域内，它发现了在萨福克郡安装和检验测试其设备的机会，在区域外与纽约西部的罗彻斯特理工学院、污染预防技术研究所的专家取得了联系，委托进行第三方开展环境测试。从该案例中可以看出，Fuzehub 网站增加了 Hydrolutions 公司与它们所在地区的技术专家和潜在供应商会面的机会，以帮助它们解决在检验检测等质量技术基础服务方面的具体问题。

（二）缩短生产周期

Fuzehub 同时也是帮助制造商寻找当地供应商的一种有效途径。比如，一家位于奥尔巴尼北部的小型制造业企业，之前是从加州采购零部件，由于运输距离较远，使得产品生产周期较长。通过 Fuzehub 门户网站，该公司与哈德逊河谷技术开发中心建立联系，技术开发中心帮助他们在纽约州内找到了一家只有两个小时运输距离的零部件供应商，不仅缩短了产品生产周期，还加强了与供应商的及时沟通。